VIE

DE SAINT MARTIN

ÉVÊQUE DE TOURS

PAR

M. L'Abbé BAGUET, Curé de Béhéricourt,

Auteur des *Petits Catéchistes*.

Die 29 Junii 1873.
Dominus benedicat operarios
et opus. Arguite in omni patientia
et doctrina sana. Pius PP. IX.

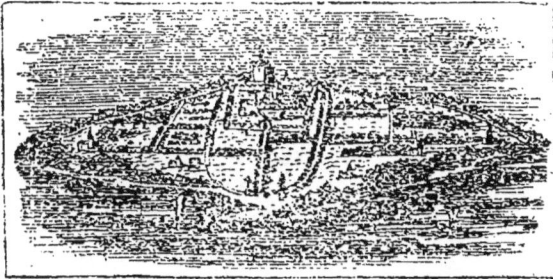

N.-D. DE LÉRINS,

IMPRIMERIE MARIE-BERNARD

1875

VIE
DE SAINT MARTIN

ÉVÊQUE DE TOURS.

APPROBATION

DE

Mᴳᴿ L'ÉVÊQUE DE BEAUVAIS

———◆———

Nous Joseph-Armand Gignoux, Evêque de Beauvais, Noyon et Senlis ;

D'après le rapport favorable qui nous a été présenté snr l'ouvrage ayant pour titre : *Vie de saint Martin*, par M l'Abbé Baguet, avons approuvé, comme par les présentes approuvons ledit ouvrage pour notre diocèse.

Donné à Beauvais, sous notre seing et le sceau de nos armes, le 3 novembre 1875.

† JOSEPH-ARMAND,

Évêque de Beauvais, Noyon et Senlis.

———

PERMIS D'IMPRIMER :

N.-D. de Lérins, ce 25 Décembre 1875.

F. Marie BERNARD, Abbé de Lérins,

VIC. GÉN. O. C.

VIE

DE SAINT MARTIN

ÉVÊQUE DE TOURS

PAR

M. L'Abbé **BAGUET**, Curé de Béhéricourt,

Auteur des *Petits Catéchistes*.

Die 29 Junii 1873.
Dominus benedicat operarios
et opus. Arguite in omni patientia
et doctrina sana.   Pius PP. IX.

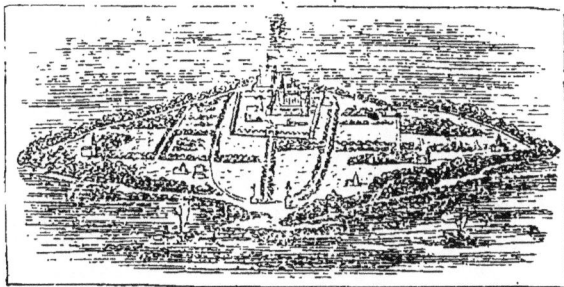

N.-D. DE LÉRINS,

IMPRIMERIE MARIE-BERNARD

—

1875

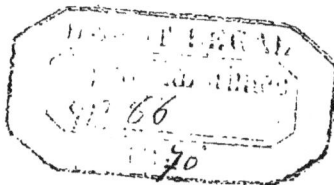

AU LECTEUR

———

Il n'est guère de lecture de piété plus utile que la Vie des Saints. Les autres lectures pieuses peuvent éclairer l'intelligence : il est rare qu'elles touchent le cœur et sollicitent la volonté au même degré que le récit des vertus héroïques pratiquées par nos ancêtres dans la foi. Quel est le fidèle qui ne s'est senti ému en suivant, dans quelques-unes des biographies si bien faites qui ont paru de nos jours, les détails édifiants d'une vie tout entière consacrée à Dieu ! Alors les yeux s'humectent de larmes, on pose le livre et on s'abandonne aux douces émotions de la piété. Et puis, on reprend ce livre, on poursuit jusqu'au bout cette lecture attachante, et l'on arrive ainsi jusqu'à la dernière page en disant : Quel malheur que ce soit fini ! Il est douteux que les lecteurs de romans aient jamais ressenti ces joies pures que produit la vérité.

Malheureusement, les biographies dont nous parlons sont rares, et plusieurs d'entre elles ne sauraient être populaires. Leur prix quelquefois, ou simplement leur format, suffirait pour y mettre obstacle. D'un autre côté, les vies de *tous* les Saints sont généralement peu intéressantes, parce que l'auteur, obligé de se renfermer dans un cadre restreint, a dû supprimer les détails. C'est ce qui faisait dire au R. P. Lacordaire, conseillant à une dame la lecture de la Vie des Saints pour occuper les loisirs du Dimanche : « Je suis ravi que vous preniez goût à la Vie des Saints. Ce sont vraiment les grands hommes de l'humanité, les cœurs aimants par excellence, et tous nos romans sont bien froids en comparaison. Une chose surprenante, quand on lit leur vie, c'est la prodigieuse variété qui y règne, malgré la ressemblance des idées et des sentiments. Ce sont les *Mille et une Nuits* de la vérité. Mais je crains que vous n'ayez que quelques vies détachées, ou bien des collections telles que celles de Godescard, qui ne renferment qu'un abrégé rebutant par sa sécheresse Je voudrais voir un homme de mérite consacrer son temps et sa plume à nous faire un travail sur les Saints, dans le genre des *Vies de Plutarque*, en laissant de côté ceux qui sont mal connus ou peu intéressants. » *(Le R. P. Lacordaire,* par le R. P. B. Chocarne.)

Depuis longtemps je nourrissais en moi-même cette pensée du R. P., lorsque je rencontrai dans la vie du célèbre conférencier de Notre-Dame, les paroles qu'on vient de lire. Elles furent pour moi un encouragement et comme une invitation providentielle à me mettre à l'œuvre. Mais aurai-je les qualités voulues pour mener à bonne fin une entreprise, qu'il faut bien l'avouer, demanderait la plume d'un homme de génie? Malgré cette grave objection, je me mis à composer des vies de Saints, suivant l'idée que je m'étais faite sur ce genre de travail, et sans trop savoir ce que cela deviendrait, Je commençai par saint Martin, patron de ma paroisse, et d'un grand nombre d'autres paroisses de France. Le manuscrit envoyé à l'Evêché me fut retourné avec un compte-rendu très-encourageant, et Mgr l'Evêque de Beauvais daigna l'accompagner de quelques paroles bien-veillantes (1). Dès-lors je me crus suffisamment autorisé à entreprendre l'œuvre qui avait si long-temps été l'objet de mes pensées. Puissent ces récits, que je m'efforcerai de rendre aussi simples, aussi clairs que possible, faire du bien aux âmes pieuses à qui je les destine. Si les savants me re-prochent de ne rien dire de neuf et même de ne pas dire toujours tout ce qui est connu sur le saint dont je raconte la vie, je prierai les savants de se souvenir que ce n'est pas pour eux que j'écris.

(1) Depuis Monseigneur a daigné revêtir ce livre de son approbation.

VIII

D'autres chercheront dans les monuments anciens et les traditions locales les précieuses paillettes qui avaient jusqu'à eux échappées à l'histoire : mon ambition à moi est beauaoup plus modeste : c'est simplement de vulgariser leurs travaux.

VIE

DE SAINT MARTIN

LIVRE PREMIER

SAINT MARTIN AVANT SON ÉPISCOPAT.

CHAPITRE PREMIER.

JEUNESSE DE SAINT MARTIN.

Saint Martin naquit en l'année 316 dans une place forte de Pannonie (1), appelée Sabarie et qui depuis a reçu le nom de Szent-Marton, ou Saint Martin. Son père suivait la carrière des armes, et il était parvenu au grade de tribun, qui équivaut à peu près à celui de colonel dans nos armées.

A cette époque le Christianisme avait pénétré dans tout l'univers. Cependant on trouvait encore un assez grand nombre de païens dans toutes les classes. Les parents de saint Martin étaient de ce nom-

---

(1) C'est la Hongrie moderne.

bre. Le fils qu'ils venaient de mettre au monde était donc exposé à ignorer longtemps la véritable religion ; mais Dieu, qui le destinait à de grandes choses, permit qu'il fût instruit de bonne heure des vérités du Christianisme, sans que l'histoire nous ait raconté de quel moyen sa Providence se servit pour cela. Peut-être une esclave chrétienne, chargée d'élever l'enfant, lui aura-t-elle inculqué les premiers principes de notre sainte religion.

Quoi qu'il en soit la grâce fit de rapides progrès dans cette âme d'élite. Martin n'avait de goût que pour les exercices de piété. A l'âge de dix ans il alla à l'Eglise malgré ses parents et se fit recevoir au rang des catéchumènes, c'est-à-dire au nombre de ceux qu'on instruisait pour les préparer au Baptême. A douze ans il conçut un si ardent amour pour le Seigneur qu'il n'eut plus d'autre désir que de quitter tout pour le servir avec plus de liberté. On parlait beaucoup alors dans le monde religieux des mortifications étonnantes auxquelles s'adonnaient dans le désert de saints personnages, dont plusieurs avaient joué un rôle considérable dans le monde: c'étaient les Antoine, les Pacôme et tant d'autres qui, sous leur conduite ou à leur imitation, peuplaient les solitudes et y donnaient l'exemple des plus austères vertus. Notre jeune Saint, lui aussi, aurait voulu se retirer dans le désert; mais il était trop jeune encore et ses parents ne le lui eussent pas permis. Force lui fut donc de se résigner et d'attendre le moment fixé par la Providence.

Cependant le père de saint Martin avait de tout autres vues sur l'avenir de son fils. Comme païen, il ne comprenait rien aux idées religieuses du jeune homme; elle devaient même lui paraître une folie. Hélas! de nos jours même, parmi nos populations chrétiennes, lorsqu'un jeune homme ou une jeune fille manifeste l'intention de quitter le monde pour embrasser la vie religieuse, n'entendons-nous pas trop souvent blâmer ou tourner en ridicule une détermination que Dieu seul peut suggérer!

Le père de notre Saint crut qu'il aurait facilement raison de ce qu'il devait regarder comme une fantaisie de jeunesse, en obligeant son fils à embrasser la carrière militaire. Une loi récemment publiée favorisait son projet. D'après cette loi, les fils des tribuns militaires étaient obligés d'embrasser eux-mêmes la carrière des armes. Il est vrai que l'âge fixé était dix-sept ans, et Martin n'en avait encore que quinze; mais son père obtint qu'il entrât immédiatement dans la cavalerie, et le jeune homme dut obéir. Ce fut bien à contre-cœur; car il ne sentait que de la répugnance pour l'état militaire. Son historien raconte même qu'on fut obligé de recourir à la violence pour le forcer à se rendre à son poste.

CHAPITRE II.

SAINT MARTIN A L'ARMÉE.

Ce dut être un jour bien triste pour notre jeune Saint que le jour où, chargé de chaînes, il se vit incorporé malgré lui dans l'armée romaine. Il n'avait d'autre désir que de servir Dieu dans le silence de la retraite, et il se voyait astreint à un service rigoureux, au milieu d'hommes dont les sentiments et la conduite répondaient bien peu aux dispositions de son âme. Heureux encore s'il pouvait conserver sa foi et son innocence dans un milieu si défavorable à la vertu! Mais Dieu eut soin du pieux jeune homme; et, non seulement il préserva son âme de toute souillure, mais, comme il arrive souvent dans les situations qu'on a le plus redoutées, il permit que saint Martin trouvât dans cet état militaire qu'il avait embrassé avec tant de répugnance, des moyens de salut qu'il n'eût peut-être pas rencontrés dans la maison paternelle.

Sa vie dans le camp fut celle d'un ermite plutôt que d'un soldat. Son argent était l'argent des pauvres, et il se conciliait par sa bienveillance l'amitié de tous ses compagnons d'armes. Il avait un serviteur, mais ce serviteur n'était pour lui qu'un compagnon qu'il traitait en égal, quelquefois comme son supérieur. Il mangeait avec lui et souvent le servait lui-même au lieu de se faire servir, et allait jusqu'à lui ôter et nettoyer ses chaussures.

Cependant Martin n'était pas encore baptisé. Sans doute, dans la maison paternelle, ses parents ne l'eussent pas permis. Mais à l'armée, se trouvant plus libre sous ce rapport, il ne manqua pas de suivre aussi exactement que possible les leçons données aux catéchumènes dans les différentes villes où il se trouvait.

Dans cet intervalle, c'est-à-dire avant qu'il eût été admis à recevoir le baptême, notre jeune militaire eut l'occasion d'exercer un acte de charité qui devait lui mériter une bien douce récompense. C'était trois ans après son entrée dans la milice romaine. Un hiver des plus rudes sévissait dans la Gaule où se trouvait le corps d'armée dont saint Martin faisait partie, et déjà bien des pauvres avaient succombé à la misère.

Un jour donc le pieux jeune homme passait à cheval, avec ses compagnons d'armes, à la porte d'Amiens. Le froid était piquant et la neige couvrait la terre. Cependant un pauvre, à demi-nu, demandait l'aumône. Tous les soldats qui précédaient saint Martin avaient passé près de ce malheureux sans lui rien donner. Quand le Saint passa à son tour, son cœur fut ému de pitié. Mais, que faire ? Déjà il avait donné tout ce qu'il possédait. C'est alors qu'il eut la charitable pensée de couper son manteau en deux, et d'en donner une moitié au pauvre. Il se couvrit comme il put avec l'autre moitié. Autour de lui, les uns plaisantèrent, d'autres admirèrent ; mais lui ne s'occupait pas de ce qu'on pouvait dire : il avait cédé à la charité et trouvé sans doute son action toute naturelle.

La nuit suivante, saint Martin eut une vision. Notre-Seigneur lui apparut couvert de cette moitié de manteau donnée la veille au pauvre mendiant. Il la montrait à ses anges en disant : « Martin, encore catéchumène, m'a couvert de ce vêtement. » Le divin Maître témoignait ainsi à son serviteur qu'il regardait comme faite à lui-même l'aumône faite au pauvre.

On pense bien que cet événement ne fit qu'augmenter la piété de notre Saint et son désir de quitter l'armée pour servir Dieu plus à loisir. Ce désir fut encore augmenté par le sacrement de baptême qu'il ne tarda pas à recevoir.

Néanmoins il ne put encore de sitôt satisfaire sa légitime impatience. Son tribun l'aimait beaucoup ; car lui aussi était chrétien, et quand Martin lui parlait de son désir de quitter l'armée, le tribun faisait tous ses efforts pour le retenir, jusqu'à lui promettre qu'une fois son tribunat écoulé, il renoncerait lui-même à la vie du siècle pour embrasser l'état religieux, et il l'engageait à attendre jusque là. Saint Martin resta donc encore soldat pendant environ deux ans après son baptême.

Enfin une circonstance se présenta qui ne ne lui permit pas de différer plus longtemps son départ. C'était en l'année 336 ; des troupes romaines, dont notre Saint faisait partie, étaient réunies sur la rive gauche du Rhin afin de s'opposer à une invasion de Germains. On devait se battre le lendemain ; et, selon l'usage, le gouverneur des Gaules, Julien, faisait ce jour-là des distributions d'argent aux soldats. Lorsqu'arriva le tour de saint Martin, il refusa la part qu'on lui offrait, donnant pour raison qu'il désirait quitter le service militaire, et que par conséquent il ne croyait pas devoir profiter des largesses offertes à ceux qui devaient combattre. Julien irrité, lui répondit qu'il ne parlait ainsi que par crainte de se trouver en face de l'ennemi.

Notre Saint ne crût pas devoir laisser planer sur lui ce soupçon de lâcheté. Si les serviteurs de Dieu ne doivent pas faire le bien par amour-propre, ils sont pourtant obligés de prendre soin de leur réputation lorsque cela est utile pour la gloire de Dieu. C'est pourquoi saint Martin, pour prouver que ce n'était pas la peur qui l'engageait à sortir de l'armée, répondit au gouverneur:

« Si c'est à la lâcheté et non à la foi que vous attribuez ma conduite, demain je me présenterai en tête de l'armée, et au nom du Seigneur Jésus, sans autre arme défensive que le signe de la croix, je pénétrerai dans les bataillons ennemis.»

On le prit au mot : il fut mis en prison pour être exposé le lendemain aux traits des ennemis. Mais dès le matin une députation de Germains vint demander la paix et se soumettre complètement aux Romains. Dieu, en faveur de son serviteur, avait donné à ces derniers une victoire complète sans qu'il y eût de sang répandu. Quant à saint Martin, il profita de la liberté qui lui fut alors accordée de quitter l'état militaire. Il était âgé de vingt ans environ.

CHAPITRE III.

SAINT MARTIN AUPRÈS DE SAINT HILAIRE.

L'histoire ne nous dit pas d'une manière bien positive ce que fit saint Martin au sortir de l'armée. Plusieurs années après nous le retrouvons à Poitiers, auprès de saint Hilaire.

Hilaire avait été élevé dans le paganisme. C'était un homme très instruit dans les lettres profanes et doué d'une éloquence peu commune. Mais, païen de bonne foi, il ne dédaigna pas d'étudier les livres chrétiens. Il découvrit dans les saintes Ecritures des lumières qui frappèrent vivement son intelligence; et, ayant reconnu la divinité de notre sainte religion, il se convertit. Quelque temps après il fut nommé évêque de Poitiers.

Le saint évêque ne tarda pas à apprécier le trésor que le Ciel lui avait envoyé en la personne de saint Martin. Désireux de l'attacher à l'Eglise de Poitiers, il lui proposa de l'ordonner diacre.

Les fonctions du diaconat étaient alors assez importantes. Chargés du temporel de l'Eglise, les diacres avaient la libre disposition des offrandes des fidèles. C'étaient eux qui administraient la sainte Eucharistie, distribuaient les aumônes et

donnaient aux clercs leur pension. Saint Martin
refusa une fonction dont il se jugeait indigne; et,
quelques efforts que fit saint Hilaire, il lui fut
impossible de vaincre l'humilité de son disciple.
Comprenant alors qu'à un homme de ce caractère
il fallait offrir quelque chose qui fût plus humi-
liant qu'honorable, il lui proposa de le faire exor-
ciste. Cet ordre était conféré ordinairement aux
plus jeunes clercs, et saint Martin avait alors environ trente-sept ans. Néanmoins il croyait encore que
cela était au-dessus de son mérite. Toutefois, craignant qu'on n'attribuât son refus à un sentiment
de mépris pour cette humble fonction, il se laissa
vaincre par les instances de son évêque et devint
de cette manière un des clercs de l'Eglise de Poitiers.

CHAPITRE IV.

VOYAGE EN PANNONIE.

Peu de temps après son ordination, saint Martin résolut d'aller trouver ses parents. Il ne les avait pas revus depuis son départ pour l'armée, et peut-être aurait-il craint de les contrister inutilement en se présentant à eux avec son nouveau titre de chrétien ; mais maintenant qu'il est affermi dans cette même foi, maintenant qu'il fait partie du clergé, il croit qu'il a un devoir à remplir envers les auteurs de ses jours. Il veut les consoler par sa présence et leur porter, s'il est possible, les lumières de l'Evangile.

Un avis du Ciel qu'il reçut sur ces entrefaites ne lui permit pas d'hésiter plus longtemps. Une nuit, pendant qu'il dormait dans sa cellule, il entendit une voix céleste qui lui dit d'aller dans sa patrie pour visiter ses parents encore païens, et exercer à leur égard son zèle religieux.

Ce ne fut pas sans un vif chagrin que saint Hilaire consentit au départ de son disciple. Il lui accorda cependant l'autorisation qu'il lui demandait, mais en le suppliant de revenir.

De son côté, saint Martin était bien triste en

disant adieu à ses confrères du clergé de Poitiers. Il leur dit qu'il aurait beaucoup à souffrir pendant ce voyage, et les événements ne tardèrent pas à confirmer ses prévisions.

Cependant le pieux voyageur traversa la Gaule sans rencontrer d'obstacles sérieux ; mais en passant les Alpes, il tomba entre les mains d'une troupe de voleurs. Un de ces brigands avait déjà la hache levée pour lui fendre la tête, lorsqu'un de ses camarades arrêta son bras. On se contenta donc de lier au Saint les mains derrière le dos, et tandis que le reste de la troupe allait à d'autres aventures, un des voleurs fut chargé de le dépouiller. Le brigand conduisit d'abord sa victime dans un endroit écarté, et il lui demanda qui il était. Saint Martin répondit qu'il était chrétien. Il lui demanda aussi s'il avait peur. Le Saint répondit avec une entière assurance qu'il n'avait jamais été plus tranquille, parce qu'il savait bien que la bonté et la miséricorde de Dieu se faisaient voir principalement dans les dangers. Il ajouta que s'il avait quelque sentiment de douleur, c'était de le voir dans un état qui le rendait indigne de la miséricorde divine ; et prenant de là occasion de lui enseigner la parole de Dieu, il l'engagea si bien à changer de conduite que le voleur se convertit, et, après avoir accompagné saint Martin pour le remettre sur son chemin, il le quitta en se recommandant à ses prières.

Le brigand fut fidèle à ses engagements. On dit

même qu'il entra plus tard dans l'état religieux, et c'est de lui que nous tenons les détails qu'on vient de lire.

Saint Martin, libre de continuer sa route, descendit les Alpes et s'avança dans les plaines de l'Italie. Il avait déjà dépassé Milan, lorsqu'un personnage inconnu se présenta à lui et lui demanda où il allait.

— Je vais, répondit le Saint, où le Seigneur m'appelle.

— En quelque endroit que tu ailles, reprit son interlocuteur, et quelque chose que tu entreprennes, tu auras toujours le démon pour adversaire.

— Le Seigneur est mon appui, répliqua le serviteur de Dieu, je ne craindrai pas les efforts de l'homme.

A ces paroles, vraiment prophétiques comme la suite de cette histoire le fera voir, le démon, car c'était lui, disparut, et le pieux voyageur arriva sans autre incident à la maison de ses parents.

Telle fut la déclaration de guerre de satan à saint Martin. Nous ne tarderons pas à voir avec quel acharnement d'un côté, quelle pieuse confiance dans le secours divin, de l'autre, fut soutenue cette lutte qui dura toute la vie de notre Saint.

CHAPITRE V.

SAINT MARTIN ET LES ARIENS (1).

Le père et la mère de saint Martin vivaient encore, et tous deux étaient restés attachés aux prati-
ques du paganisme. Notre Saint n'avait rien de
plus à cœur que de gagner à Dieu les auteurs de
ses jours ; malheureusement il échoua en partie
dans cette pieuse entreprise : sa mère se laissa toucher par la grâce, mais il eut la douleur de voir
mourir son père sans avoir pu ouvrir ses yeux à la
lumière.

Saint Martin fut plus heureux auprès de plusieurs
de ses compatriotes, qui, touchés de ses exemples
encore plus que de ses paroles, embrassèrent la
religion chrétienne. Mais la persécution des Ariens
l'obligea bientôt à quitter son pays.

L'hérésie arienne était alors dans toute sa force.
Soutenue par l'empereur Constance, qui venait de
succéder au grand Constantin, elle s'était répandue
dans tout l'empire, et la Pannonie en était particulièrement infectée. Les siéges épiscopaux étaient

(1) Les Ariens étaient des hérétiques qui niaient la divinité de Notre-Seigneur Jésus-Christ.

occupés par des Ariens, et il ne se trouvait personne pour défendre la vraie foi.

Saint Martin se chargea de cette mission dangereuse ; et, quoique sa vie de soldat ne lui eût guère permis de s'adonner à l'étude de la théologie, aidé par la grâce de Dieu, il parla avec tant de force et de lumière contre les hérétiques, que ceux-ci ne tardèrent pas à le regarder comme un de leurs adversaires les plus redoutables. Ils eurent recours pour le faire taire à leurs moyens habituels : ils l'accablèrent d'outrages, le firent publiquement frapper de verges, et enfin, ne pouvant pas plus imposer silence à son zèle qu'ils n'étaient capables de répondre à ses arguments, ils l'obligèrent à quitter le pays.

Saint Martin ayant appris que saint Hilaire avait été lui-même chassé de son siége par les Ariens et obligé de s'exiler, se retira aux environs de Milan où il fonda un monastère.

Mais, comme son zèle le poussait toujours à parler contre les hérétiques, il fut de nouveau en butte à leurs persécutions, battu par eux comme il l'avait été dans son pays, et obligé de fuir une seconde fois.

Il se réfugia avec un saint prêtre dans une petite île inhabitée, nommée Gallinaire, du mot latin *Gallina* qui signifie poule, parce qu'on y avait trouvé de nombreuses poules sauvages au moment de sa découverte. Dans cette île, nos pieux solitaires vivaient très-misérablement, n'ayant pour nourri-

ture que les herbes et les racines sauvages qui crois-
saient naturellement autour d'eux. Un jour saint
Martin mangea une assez grande quantité d'ellé-
bore. Ne connaissant pas cette plante, il ignorait
qu'elle était un poison violent. Bientôt il en ressentit les terribles effets ; mais, parmi les promesses
que Notre-Seigneur a faites à ses serviteurs, il y a
celle de pouvoir boire impunément du poison :
saint Martin éprouva en cette circonstance la vérité
de cette promesse ; car, ayant eu recours à Dieu, il
se trouva guéri instantanément.

CHAPITRE VI.

LE MONASTÈRE DE LIGUGÉ.

Après avoir séjourné quelque temps dans l'île
Gallinaire, saint Martin apprit que l'empereur
avait autorisé le saint évêque de Poitiers à rentrer
dans sa ville épiscopale. Notre Saint partit immédiatement pour Rome où il espérait rencontrer son
maître vénéré ; mais saint Hilaire avait déjà quitté
cette ville lorsque son fidèle disciple y arriva. Ce
dernier le suivit en Gaule, où il le joignit après
une séparation qui avait duré cinq ans.

Saint Hilaire, connaissant les goûts de son disciple pour la vie monastique, lui donna, à deux
lieues et demie de Poitiers, un terrain sauvage
où saint Martin bâtit des cellules pour lui et pour
les disciples qui vinrent bientôt vivre sous sa
direction. Ce fut le premier monastère bâti dans
les Gaules. On le nomma l'abbaye de Ligugé.

Parmi les disciples de saint Martin il y avait un
jeune homme encore catéchumène. Or, un jour
que le Saint était absent, ce jeune homme fut saisi
d'une fièvre violente et mourut subitement, sans
qu'il fût possible de lui administrer le sacrement
de baptême. Les autres moines étaient dans la déso-

lation, et, lorsque saint Martin revint, après une absence de trois jours, ils lui racontèrent le malheur arrivé depuis son départ. Saint Martin fut lui-même profondément affligé. Il se rendit avec ses disciples à la cellule où était le cadavre qu'on se disposait à enterrer, fit sortir tout le monde et s'enferma seul avec le mort. Alors, nouvel Elisée, il se coucha sur le corps inanimé, priant Dieu avec ferveur. Bientôt il se relève un peu, plein de confiance que Dieu va lui accorder la grâce qu'il demande avec tant d'instance. En effet, au bout de deux heures, le mort ouvre les yeux, et saint Martin pousse un cri de reconnaissance qui est entendu du dehors. Les disciples qui étaient restés à la porte entrèrent aussitôt, et furent saisis d'étonnement à la vue de celui qu'ils avaient laissé mort et qu'ils revoyaient vivant.

Cet homme vécut encore plusieurs années, et il racontait que son âme séparée de son corps avait été jugée sévèrement par le Seigneur, mais que deux anges ayant représenté au souverain Juge que c'était celle pour qui priait Martin, il avait ordonné que cette âme allât ranimer le même corps.

Quatre ans environ après ce premier miracle, saint Martin passait sur les terres d'un homme considérable selon le monde, nommé Lipucin, lorsque des cris et des pleurs attirèrent son attention. Comme il demandait la cause de ce tumulte, on lui dit qu'un serviteur de Lipucin s'était pendu et venait d'être trouvé sans vie. Le Saint entra aussitôt dans

la chambre où était le cadavre et en fit sortir tout
le monde. Comme il l'avait déjà fait pour le catéchumène, il s'étendit sur le corps inanimé du suicidé, et,
dans cette posture, adressa pendant quelque temps
sa prière à Dieu.

Peu à peu la figure du défunt s'anime et se colore ;
ses yeux perdent leur expression farouche et fixent
sur Martin des regards languissants. Enfin, il se
remue et fait lentement un effort pour se lever. Le
Bienheureux lui tend la main, le ressuscité la saisit,
se met debout sur ses pieds, et, à la vue de la foule,
s'avance avec son libérateur jusqu'au vestibule de
la maison.

Tels sont deux des miracles accordés à saint
Martin pendant qu'il était au monastère de Ligugé.
Il en opéra beaucoup d'autres; mais la solitude
dans laquelle il vivait à cette époque a permis à
son humilité de les cacher aux âges futurs. Heureusement pour nous, Dieu va obliger son serviteur
à paraître au grand jour, et nous pourrons admirer
ces prodiges qui le firent nommer le thaumaturge
des Gaules.

CHAPITRE VII.

SAINT MARTIN NOMMÉ ÉVÊQUE DE TOURS.

Le dernier miracle que nous venons de raconter répandit au loin la réputation de sainteté dont notre Bienheureux jouissait déjà parmi les siens; et l'évêché de Tours étant devenu vacant sur ces entrefaites, on jeta les yeux sur lui, pour lui offrir le siége de cette ville.

C'était le peuple alors qui nommait les évêques, et le peuple de Tours réclamait unanimement saint Martin. Mais les évêques venus du dehors pour présider à l'élection n'étaient pas tous du même avis. Aux yeux de plusieurs, l'extérieur négligé de notre Saint, ses habits sales, ses cheveux en désordre étaient un obstacle sérieux à l'élection. Comment pouvait-on élever à l'épiscopat un homme qui avait si peu de tenue?

Cependant le peuple ne voyait dans ces choses qu'une marque de vertu; il tenait à saint Martin, et le Bienheureux fut élu.

La grande difficulté était de l'arracher à son monastère. On n'ignorait pas sa répugnance invincible pour les honneurs. Il avait refusé le diaconat, pouvait-on espérer qu'il accepterait l'épis-

copat? Il y avait tout lieu de craindre que non ; et.
de fait, les députations qui lui furent envoyées
coup sur coup pour l'engager à venir prendre possession de son siége furent inutiles. Il fallut avoir
recours à la ruse, et voici comment on s'y prit.

Un habitant de Tours alla trouver l'humble
moine, et lui dit que sa femme, dangereusement
malade, désirait vivement de le voir avant de mourir. Il pouvait par sa présence lui rendre la vie :
en refusant, il serait cause de sa mort.

Saint Martin était trop charitable pour ne pas
accéder à une demande de cette nature. Ne se dou-
tant donc de rien, il se met en mesure d'aller
remplir ce qu'il regarde comme un devoir de charité. Mais, à peine a-t-il mis les pieds hors du
monastère qu'il se voit tout-à-coup entouré d'une
foule de peuple qui l'acclame, et, sans lui permettre de retourner sur ses pas. l'accompagne soigneusement jusqu'à la ville de Tours, où l'on
arriva le lendemain.

La vue de saint Martin paraissait bien faite pour
donner gain de cause à ceux qui s'était opposés à
son élection. Sa taille était petite, son visage exté-
nué par les jeûnes et les macérations du cloître,
ses habits pauvres et salis par de fréquentes pros-
trations, ses cheveux coupés à la manière des moines
d'Orient. Tout cela ne donnait pas à notre Saint
un air bien vénérable, et les opposants demandaient tout haut comment on pouvait nommer
évêque un homme qui avait si peu d'extérieur. Un

évêque nommé Défensor se faisait surtout remarquer par la vivacité de son opposition.

Cependant le peuple s'obstinait à ne voir dans ces marques d'austérité qu'une preuve de plus de la sainteté de son élu; et comme, en dernière analyse, c'était au clergé du pays et au peuple qu'appartenait le droit d'élection, on passa outre et l'on se mit en mesure de procéder au sacre du nouvel évêque.

Pendant la cérémonie, un incident sembla donner gain de cause au peuple contre ceux qui s'étaient montrés contraires à l'élection. Le lecteur n'ayant pu parvenir jusqu'à l'endroit où se faisaient les lectures publiques, un des assistants prit le livre et se mit à lire le premier passage venu. Or il tomba précisément sur ce verset des psaumes : « Vous avez, Seigneur, tiré une louange parfaite de la bouche des enfants et de ceux qui sont encore à la mamelle, à cause de vos ennemis, pour détruire l'ennemi et le *défenseur* (Ps. 8). » On ne manqua pas d'appliquer ce passage à l'évêque Défensor : et le peuple vit dans cet incident une confirmation de l'élection qu'il venait de faire.

Ceci se passait le 4 juillet de l'année 372. Saint Martin était par conséquent âgé d'environ 56 ans.

VIE
DE SAINT MARTIN

LIVRE DEUXIÈME

LE MONASTÈRE DE MARMOUTIER.

CHAPITRE PREMIER.

FONDATION ET RÈGLE DU MONASTÈRE.

Les honneurs ne changèrent pas les goûts de saint Martin. Il conserva son pauvre vêtement et autant que possible sa manière de vivre. Mais il ne pouvait trouver dans l'épiscopat la même tranquillité dont il jouissait dans sa cellule de moine. A chaque instant un nouveau venu frappait à la porte de la petite habitation que le saint Évêque occupait auprès de son église. La charité lui faisait un devoir de répondre à tous ; mais ces dérangements continuels le troublaient dans ses prières, et les saints les plus zélés pour les œuvres extérieures n'ont jamais regardé comme un temps perdu celui qu'ils

consacraient à prier Dieu dans le calme de la retraite. Notre-Seigneur, pendant sa vie publique,
n'avait-il pas coutume de se retirer dans la solitude
avec ses disciples pour s'y délasser dans la prière ?
Saint Martin résolut donc lui aussi de se faire une
retraite, où il pût de temps en temps se livrer à son
amour pour la vie religieuse, et retremper son âme
dans le calme des saintes méditations.

A une demi-lieue de la ville de Tours se trouvait
un endroit inhabité et sauvage que le Saint jugea
propre à l'exécution de son projet. D'un côté un
rocher presque à pic, de l'autre la Loire fermaient
ce lieu, où l'on ne pouvait pénétrer que par un
étroit sentier. C'est là que saint Martin résolut de
venir de temps en temps se reposer des fatigues de
l'épiscopat.

Quelques cellules de bois et des trous creusés dans
le roc servirent d'habitation au saint Evêque et aux
disciples qui vinrent bientôt se mettre sous sa conduite. La règle était simple : l'exemple du pieux
fondateur en tenait lieu en grande partie. Cependant il était défendu de vendre ou d'acheter. Saint
Martin avait voulu par là couper court à toute es-
pèce de convoitise. Les plus jeunes transcrivaient
des livres, en dehors de leurs exercices de piété ;
mais les plus âgés n'avaient d'autre occupation que
la prière, la lecture des livres saints et la contem-
plation. Les moines ne sortaient de leur cellule que
pour aller à l'église ; et, le soir, ils se réunissaient
pour prendre en commun leur unique et frugal

repas. Le vin leur était interdit, excepté dans le cas de maladie. Ils étaient vêtus d'habits faits de poil de chameau. Ce vêtement grossier était un véritable cilice, qui les aidait à vaincre la sensualité et à triompher du sommeil. Cependant, parmi ces hommes qui se livraient à cette vie mortifiée, il y en avait beaucoup qui avaient été habitués dans le siècle à toutes les aises que procure la richesse.

Ce monastère, l'un des plus anciens des Gaules. fut soumis plus tard à la règle de saint Benoît et devint célèbre sous le nom de monastère de Marmoutiers. Saint Martin venait y passer tout le temps dont il pouvait disposer, après l'accomplissement des devoirs de sa charge. De nombreux disciples y vinrent s'édifier de ses exemples. On en compte jusqu'à quatre-vingts à la fois, et plusieurs devinrent évêques dans différentes villes, parce que les populations étaient heureuses d'avoir pour évêque un homme élevé à l'école de saint Martin.

CHAPITRE II

LA CHASTETÉ.

Le saint Evêque avait bien soin de maintenir dans son monastère la discipline la plus sévère. Il ne permettait à aucun abus de se glisser parmi ces hommes, animés sans doute d'une très-grande bonne volonté, mais dont plusieurs avaient rapporté du siècle des idées ou des habitudes peu conformes à la vie monastique.

Un de ces moines avait été soldat et marié. Sa femme vivait encore, mais elle avait comme lui renoncé au monde pour embrasser la vie religieuse. Or, un jour, le moine, qui vivait dans une petite cellule séparée des autres, s'imagina qu'il n'y aurait pas grand inconvénient, qu'il y aurait même quelque avantage à rappeler sa femme auprès de lui. Consacrés à Dieu tous les deux, ils vivraient ensemble comme un frère et une sœur, et s'encourageraient mutuellement à la vertu. Plein de cette idée, il s'en ouvrit à saint Martin, en présence des autres moines, ce qui donna lieu à la conversation suivante, rapportée textuellement plus tard par un des moines qui s'y trouvait présent.

— Dites-moi, demanda le saint Evêque au moine qui sollicitait l'autorisation dont nous avons parlé, avez-vous été à la guerre? Vous êtes-vous trouvé quelquefois dans une armée rangée en bataille?

— Oui, répondit le soldat: je me suis trouvé bien des fois sur des champs de bataille.

— Et dans cette armée qui attendait sous les armes le moment de l'action, ou se trouvait déjà aux prises avec l'ennemi, avez-vous vu quelque femme se tenir en ligne et combattre?

A cette question le moine rougit; car c'était un déshonneur pour un soldat d'aller à l'armée en compagnie d'une femme. Il comprit que le déshonneur n'était pas moins grand pour un moine dont la vie est un combat continuel contre les ennemis spirituels. Il remercia saint Martin de cette douce et ferme correction, qui l'avait détrompé au moyen d'une comparaison, dont son ancienne condition lui faisait comprendre la justesse: et le saint Evêque prenant de là occasion d'instruire ses autres disciples, ajouta, en se tournant de leur côté:

— Que la femme n'aille point dans le camp des hommes; qu'elle vive loin de l'armée des soldats, retirée dans sa demeure; car c'est un déshonneur pour une armée de conduire avec elle une troupe de femmes. Au soldat les camps et les batailles : à la femme la solitude de sa demeure. Elle a sa gloire elle aussi : c'est de conserver sa vertu en l'absence de son mari. Son premier mérite, sa victoire parfaite, c'est de ne pas être vue.

Une autre fois le saint évêque eut à rappeler à la décence un de ses moines qui se trouvant seul avait manqué de modestie. Ce moine était venu à la cellule de saint Martin, probablement dans l'intention de lui parler. Ne le trouvant pas, il entra dans la cellule ; et, approchant un escabeau près du foyer, alors allumé, il s'y assit et se chauffa en écartant les jambes et relevant sa robe sur ses genoux. Il se croyait seul ; il l'était en effet : mais Dieu, pour montrer qu'en aucun cas on ne doit manquer aux règles de la modestie, permit que saint Martin, quoique absent, eut connaissance de l'action de son disciple, et ce dernier fut saisi d'une frayeur salutaire, en entendant une voix forte et sévère, qu'il reconnut être celle de saint Martin, lui crier : « Quel est celui-là qui profane notre demeure par sa posture indécente ? »

Le pauvre moine se leva précipitamment et sortit de la cellule. Lui-même s'empressa de raconter aux autres moines une aventure qui faisait sa honte, mais qui donnait une haute idée de la puissance de saint Martin.

CHAPITRE III.

PIEUX ENTRETIENS.

Lorsqu'il sortait du monastère pour visiter les différentes paroisses de son diocèse, saint Martin emmenait habituellement quelques-uns de ses disciples. Ces sorties ne distrayaient point son âme de la présence de Dieu. Il savait au contraire trouver dans les objets extérieurs quelque chose qui lui rappelait les vérités éternelles ; il en prenait occasion d'instruire ses compagnons de voyage, et il le faisait souvent d'une manière gaie et spirituelle.

Un jour il aperçut une brebis nouvellement tondue : « En voilà une, dit-il, qui a rempli le conseil évangélique : elle avait deux habits, elle en a donné un à celui qui n'en avait pas. C'est ainsi que vous devez faire. »

Une autre fois, montrant à ses disciples un porcher à peine vêtu d'une peau de bête et grelottant de froid : « Voilà, leur dit-il, Adam chassé du paradis, gardant ses pourceaux. Pour nous, dépouillons ce vieil homme, et revêtons-nous du nouvel Adam. »

Des bœufs avaient mangé en partie l'herbe d'un

champ, des porcs avaient retourné une autre partie; et enfin une autre portion du même champ,
restée intacte, était émaillée de fleurs.

« Cette portion broutée par les bœufs est, dit-
il, l'image du mariage. Sans avoir complètement
perdu ses herbes, elle n'a pourtant rien conservé
des fleurs qui faisaient son plus bel ornement.
Cette autre, fouillée par des animaux immondes,
nous offre la honteuse figure de l'incontinence.
Quant à cette partie, restée intacte, c'est le glorieux
symbole de la virginité. Elle se couvre d'une végé-
tation luxuriante et de fruits abondants. Des fleurs
semblables à des pierreries étincelantes lui donnent
une admirable beauté qui la rend digne de Dieu
même; car rien n'est comparable à la virginité.
Aussi est-ce également une grave erreur de regarder le mariage comme une prostitution et de l'éga-
ler à la virginité. La véritable distinction à faire
entre ces choses, c'est que le mariage est permis,
la virginité mérite la gloire, et le libertinage rend
dignes de punition ceux qui après s'y être livrés
n'en ont point fait pénitence. »

Ces paroles de saint Martin avaient pour but de
prémunir ses disciples contre certaines erreurs qui
étaient en cours à cette époque.

CHAPITRE IV.

CHARITÉ.

Parmi les vertus dont le saint évêque aimait à inculquer la pratique à ses disciples, on pense bien que la charité n'était pas oubliée.

C'était toujours le même saint qui, tout jeune encore, s'oubliait lui-même jusqu'à se dépouiller de ses vêtements pour les donner aux pauvres.

Il n'y avait pas encore bien longtemps qu'il était évêque, lorsqu'il eut l'occasion de répéter cet acte de charité, qui lui avait valu une si douce récompense à Amiens. C'était un matin d'hiver. Il était venu avec plusieurs de ses disciples dans la ville de Tours pour y célébrer l'office divin. Au moment d'entrer dans la cellule contiguë à l'église, où il avait pour habitude de rester quelque temps seul pour se préparer à l'office et revêtir les ornements pontificaux, il vit un pauvre à demi-nu et grelottant de froid. Saint Martin était incapable de voir une misère sans essayer de la soulager. Il commande donc à son archidiacre de donner un habit à ce pauvre. Mais l'archidiacre n'avait probablement pas la même abnégation que son maître. Chargé des dépenses, peut-être voyait-il avec une certaine peine que celui-ci donnait si facilement un argent souvent indispensable pour les besoins de chaque jour. Peut-être aussi oublia-t-il la commission dont il était chargé. Quoi qu'il en soit, il ne le fit pas.

Quant au Saint, persuadé qu'on lui avait obéi, il ne pensait plus au pauvre ; et, revêtu de son grand manteau de cérémonie, il se disposait à entrer à l'église, lorsqu'il vit le mendiant qui forçant la consigne, avait pénétré jusqu'à lui.

— L'archidiacre m'a oublié, dit-il en pleurant, et je ne puis plus supporter le froid que j'endure.

Saint Martin, ému de compassion, se retira un instant à l'écart, et, conservant son manteau, ôte son vêtement de dessous et le donne au pauvre.

A peine celui-ci eut-il sorti que l'archidiacre entre à son tour. Il vient avertir saint Martin qu'il est l'heure de commencer l'office.

— Il y a un pauvre qu'il faut habiller auparavant, lui répond l'Evêque. Je ne puis paraître à l'église avant qu'on ait donné un habit au pauvre.

Le diacre ne comprit pas d'abord cette réclamation ; mais, tout-à-coup, se rappelant le mendiant, il sortit pour le chercher, et bientôt il rentra disant qu'il ne le voyait plus.

— Qu'on m'apporte le vêtement qui a été préparé, dit le Saint, et je trouverai bien le pauvre à vêtir.

Le clerc dut obéir. Il courut donc, d'assez mauvaise humeur, chercher un habit aussi simple et

grossier qu'il put le trouver, et vint le jeter aux
pieds de l'évêque, en disant :

— Voilà l'habit, mais de pauvre il n'y en a plus
ici !

Le Saint ne répliqua pas ; mais, ayant commandé
à son archidiacre de se tenir quelques instants à
l'écart, il revêtit l'habit destiné au pauvre et entra
à l'église.

Or on dit que, pendant l'office, plusieurs personnes virent un globe de feu rayonner autour de la
tête du Saint, et s'élever ensuite vers le ciel en tra-
çant un long rayon de flamme. Un historien rapporte aussi que ce même jour, au moment où saint
Martin levait la sainte hostie, des anges vinrent
couvrir de manches brillantes de pierreries ses
bras insuffisamment protégés par les courtes manches de la pauvre tunique. Dieu, cette fois encore,
avait voulu montrer combien lui était agréable la
charité de son serviteur.

CHAPITRE V.

DÉSINTÉRESSEMENT.

A cette charité qui le poussait à se défaire en faveur du pauvre des objets les plus indispensables, le saint évêque joignait un désintéressement à toute épreuve. Souvent il arrivait que des personnes riches, qui lui étaient redevables de quelque faveur obtenue par son entremise, lui offrissent des dons magnifiques. Il était rare qu'il acceptât; et, s'il le fit quelquefois, ce fut uniquement comme intermédiaire entre le riche et le pauvre.

Une fois entre autres, un certain Lycontius, homme très riche et ancien préfet de province, avait envoyé demander à saint Martin le secours de ses prières, pour obtenir la cessation d'une épidémie terrible, qui avait frappé presque tous les gens de sa maison.

— La chose ne sera pas facile à obtenir, avait répondu le Saint, qui savait sans doute que ce fléau était une punition de Dieu.

Néanmoins il se mit en prière, jeûna, se mortifia pendant sept jours pour faire violence au ciel, et, au bout de ce temps, il obtint la grâce qu'il sollicitait. Aussitôt qu'il vit la maladie cesser, Lycontius s'empressa d'aller remercier celui à qui il se jugeait redevable de cette faveur, et en même temps il fit apporter cent livres d'argent, somme alors bien plus considérable qu'elle le serait aujourd'hui.

Saint Martin ne crut pas devoir contrister Lycontius en refusant le don qui lui était très cordialement offert. Mais, pour concilier la règle qu'il s'était imposée de ne recevoir aucun don avec les devoirs de l'amitié, il ne voulut pas que cet argent passât le seuil du monastère, et il le destina immédiatement au rachat des citoyens romains captifs chez les Barbares.

Or, le monastère était alors dans un de ces moments de gêne pécuniaire, qui, vu les habitudes de charité du saint évêque, ne devaient pas être bien rares. Plusieurs religieux manquaient de vêtements, et on ne savait trop comment leur en procurer. C'est pourquoi les disciples de saint Martin auraient bien désiré qu'il réservât quelque chose des cents livres d'argent. Ils lui en firent l'observation.

— C'est à l'Eglise de nous nourrir et de nous vêtir, répondit-il. Prenons garde de rien réserver pour notre usage.

CHAPITRE VI.

PATIENCE.

La patience du saint évêque n'était guère moins admirable que sa charité, et plus d'une fois, soit au monastère, soit en l'accompagnant dans ses courses apostoliques, ses disciples purent s'édifier, en voyant avec quelle douceur leur saint maître supportait les injures et les mauvais traitements.

Un jour il suivait seul, à pied, une de ces longues voies romaines que les vainqueurs des Gaules avaient fait construire pour les besoins de leur administration. Les disciples qui l'accompagnaient étaient restés assez loin en arrière, comme ils avaient coutume de le faire lorsque le saint évêque désirait être seul pour converser plus librement avec Dieu. Un chariot rempli de soldats et traîné par plusieurs mules s'avançait rapidement à la rencontre de saint Martin. En arrivant près de lui, les mules, probablement effrayées du long manteau noir dont il était revêtu, se cabrèrent et s'empêtrèrent dans leurs traits, de sorte que le chariot fut brusquement arrêté. Les soldats, furieux de ce contre-temps, mirent pied à terre, et accablèrent de coups de fouet et de bâton celui qu'ils regardaient

comme la cause de cet accident. Saint Martin
aurait pu se nommer, et il les aurait probablement
arrêtés, car son nom était en vénération dans le
pays. Il aima mieux endurer en silence les mauvais traitements que les soldats voulurent lui faire
subir ; et, lorsque ses disciples arrivèrent près de
lui, ils le trouvèrent sans connaissance et baigné
dans son sang. Ils s'empressèrent de le relever et
de le transporter dans un endroit où il leur fût
facile de lui donner les soins que réclamait sa position.

Cependant les soldats étaient remontés sur leur
char et se disposaient à regagner le temps perdu.
Mais voici que les mules refusent obstinément de
se mettre en route. En vain on les frappe avec des
fouets, avec des bâtons coupés à la forêt voisine :
elles ne bougent pas plus que des statues. Les soldats voient bien qu'il y a là quelque chose qui n'est
pas naturel, et ils se demandent si ce qui leur arrive
ne serait pas la punition de la cruauté avec
laquelle ils ont traité cet homme dont les mules ont eu
peur. Ils s'informent de son nom. On leur dit que
c'est Martin, évêque de Tours. A ce nom ils ne dou-
tent plus que le ciel les punit ; et ils courent
demander à saint Martin pardon de leur offense.

Celui-ci avait repris connaissance. Il avait appris
d'une manière surnaturelle la punition infligée à
ses bourreaux, et il en avait averti ses disciples.
Les soldats, arrivés près du Saint, lui témoignèrent

le plus grand regret de l'offense qu'ils lui avaient faite sans le connaître. Saint Martin leur pardonna et leur dit que dès-lors ils pouvaient librement continuer leur route : ce qu'ils firent.

CHAPITRE VII.

SAINT BRICE.

Tout n'était pas parfait au monastère que diri-
geait saint Martin. Si lui-même était irréprochable,
nous avons déjà vu qu'il n'en était pas de même
de tous ses disciples. L'un deux surtout parait avoir
exercé particulièrement sa patience, Il se nommait
Brice.

Recueilli dès son enfance par saint Martin, Brice
avait été élevé dans le monastère. Mais pendant
longtemps sa conduite fut loin de répondre aux
saints enseignements qu'il dut y recevoir; non pas
qu'il fût précisément de mauvaises mœurs, mais il
était d'une étrange légèreté. Notre Saint lui en faisant souvent des reproches. Il semblait que ce fût
peine perdue. Le folâtre jeune homme se livrait
continuellement à une foule d'espiégleries, dont
son saint maître était souvent l'objet et la victime.

Malgré tout, saint Martin avait pour son disciple
une tendresse et une indulgence dont les autres
moines étaient quelquefois étonnés. Eclairé d'une
lumière prophétique, il savait ce que deviendrait
ce jeune homme, et il l'admit aux saints ordres, ce
qui ne parut pas changer beaucoup son caractère,

Un jour Brice, alors diacre, fut accosté par un malade qui cherchait saint Martin pour lui demander sa guérison.

— J'attends le Bienheureux, lui dit cet homme, et je ne sais pas où il est, ni ce qu'il fait.

— Si c'est ce radoteur que vous cherchez, répondit le clerc, tenez, regardez là-bas. Le voilà qui, selon sa coutume, regarde le ciel comme un insensé.

Le malade, sans faire autrement attention à ces paroles de mépris, s'approcha du Saint et obtint de lui ce qu'il demandait.

Alors saint Martin s'approchant de son disciple :

— Brice, lui dit-il, je passe à tes yeux pour un radoteur ?

Brice tout honteux soutint qu'il n'avait jamais tenu un pareil propos.

— Est-ce que mon oreille n'était pas auprès de ta bouche, lorsque tu parlais ainsi de moi ? reprit le saint évêque. En vérité, je te le dis, j'ai obtenu de Dieu que tu me succède dans les honneurs de l'épiscopat; mais, sache-le, tu auras bien des contrariétés à souffrir.

— N'avais-je pas raison de dire qu'il radote ? répétait Brice un peu plus tard, en parlant de cette prédiction.

Brice ayant quitté le monastère s'acquit on ne sait comment des richesses considérables qui lui permirent de se livrer à un luxe peu convenable pour un clerc. Il entretint des chevaux, se procura des

esclaves, acheta même, si l'on en croit les bruits qui
coururent alors sur son compte, des jeunes gens
et des jeunes filles d'une grande beauté, parmi les
prisonniers vendus à l'encan, suivant l'usage de
l'époque.

Saint Martin reprochait à Brice cette conduite
scandaleuse, et Brice, au lieu de s'amender, entrait
en fureur contre le pieux évêque. Un jour ce dernier était assis auprès de sa cellule sur sa petite
sellette de bois, lorsqu'il aperçut deux démons sur
le haut rocher qui dominait sa demeure.

— Courage Brice, courage Brice, disaient les
malins esprits. Bientôt après Brice paraît lui-même.
Il a été réprimandé la veille et la fureur le rend
méconnaissable. On dirait que le démon s'est em-
paré de lui. Il s'approche du saint évêque et vomit
contre lui un torrent d'injures. Le Saint, calme et
impassible, s'efforce par quelques douces paroles
de modérer ce fol emportement. C'est en vain.

— Je suis plus saint que vous, s'écrie Brice avec
rage, car moi j'ai été élevé dès mon enfance dans le
monastère, où j'ai puisé, de votre bouche même,
les pieux enseignements de l'Eglise ; tandis que vous,
vous ne pouvez le nier, vous avez débuté par la vie
licencieuse du soldat, et vous vous livrez dans votre
vieillesse à des folles superstitions, et à une foule de
visions aussi vaines que ridicules.

Après ces injures et d'autres plus amères encore,
que l'historien à mieux aimé passer sous silence,

Brice s'appaise comme un homme qui s'est complètement vengé, et il se retire.

Mais, tout-à-coup, son cœur se trouve changé. Sans doute saint Martin a prié pour lui. Il revient donc, confesse sa faute, et en demande pardon. Lui-même ne peut comprendre comment il a pu s'oublier à ce point envers son bienfaiteur. Il faut que le démon l'ait poussé.

Saint Martin en effet, après avoir accordé au disciple repentant le pardon qu'il sollicitait, raconta aux autres la vision qu'il avait eue, lorsque Brice venait pour lui faire la scène dont ils avaient été témoins.

Melgré ce repentir passager, Brice continua son genre de vie, et bientôt les dépositions arrivèrent de toutes parts aux oreilles du saint évêque ; on ne comprenait pas comment il conservait dans son clergé un homme si peu exemplaire. Mais saint Martin, en sévissant contre Brice, aurait craint de paraître venger une injure personnelle, et puis il savait ce que deviendrait un jour ce clerc alors si peu digne de sa sainte vocation. Il l'admit donc aux honneurs du sacerdoce, et se contenta de répondre aux détracteurs : Si Notre-Seigneur a bien souffert Judas, pourquoi ne souffrirai-je pas Brice ?

Saint Martin eut la consolation de voir avant sa mort le changement qui lui avait été révélé. Brice devint un prêtre tout-à-fait exemplaire, et, à la mort de notre Saint, il fut nommé à sa place évêque de Tours. Il mourut dans cette dignité, et mérita d'être mis au nombre des saints que l'Eglise honore d'un culte public.

CHAPITRE VIII.

VISIONS DE L'ENFER.

L'ennemi immortel du genre humain ne pouvait voir le bien opéré parmi les disciples de saint
Martin sans chercher à y mettre obstacle par tous
les moyens dont il dispose. Le démon avait promis
à notre Saint, dès le début de sa carrière, qu'il le
rencontrerait toujours sur son chemin comme un
obstacle ; et il tenait parole. Nous venons de voir
comment il avait animé Brice contre son maître.
Le pieux évêque lui-même n'était pas exempt des
attaques de cet ennemi.

Mais il est un époque dans la vie des saints où
l'esprit infernal n'a presque plus aucune prise sur
leur imagination. Entièrement tournées vers Dieu,
ces saintes âmes ne peuvent plus être distraites par
des tentations intérieures. C'est alors que l'esprit
mauvais change de tactique. Ne pouvant plus rien
sur l'intérieur, il s'attaque à l'extérieur, le harcelle
de toutes les manières pour les fatiguer, les décourager, si c'est possible, ou leur inspirer un orgueil
qui détournerait la grâce. Quand on lit dans la Vie des
saints de la primitive Eglise ces étranges apparitions
du démon, on est tenté d'attribuer ces récits à la

naïveté de l'époque. Aux yeux de beaucoup ce sont de pieuses légendes qui représentent par des figures allégoriques les tentations intérieures éprouvées par les saints. Il est bien possible qu'un certain nombre de ces récits, faits après coup et non sur-le-champ comme ici, ne soient pas autre chose ; mais on se tromperait si l'on croyait qu'il en est toujours ainsi. Il est hors de doute en effet que le démon c'est rendu visible en une foule de circonstances pour attaquer les saints, et les forcer en quelque sorte à faire attention à lui, comme il le fit pour Notre Seigneur dans le désert, et comme il le fit pour saint Martin en particulier ; car les récits de ce genre écrits par Sulpice Sévère, disciple du Saint, et témoin oculaire de la plupart des faits qu'il reconte, ne laissent aucun doute sur leur réalité.

Notre Saint, parvenu à ce degré de perfection qui force satan à renoncer à ses moyens ordinaires de séduction, eut donc à lutter contre les attaques extérieures de cet esprit mauvais. Souvent les moines entendirent des bruits étranges, qui venaient de la cellule du Saint, des injures, des invectives de toute sorte proférées par une troupe de démons. Généralement saint Martin laissait passer ces orages sans dire un mot. Il connaissait trop ses ennemis pour ne pas mépriser leurs attaques. Un saint prêtre de notre époque, le vénérable M. Vianney, curé d'Ars, tourmenté lui aussi par ce genre de tentation, avait fini par ne plus s'en préoccuper autrement : « Laissez, disait-il à ceux qui venaient épouvantés lui communiquer leurs craintes, je sais ce que c'est. C'est le *Grapin*. » C'est ainsi qu'il nommait le démon dont il racontait volontiers les espiègleries.

Une fois cependant saint Martin ne put s'empêcher de répondre aux attaques du malin esprit, et ses disciples entendirent le dialogue suivant :

— Pourquoi, disait le démon avec aigreur, as-tu reçu dans ton monastère, après leur conversion, des hommes qui autrefois ont perdu la grâce de leur baptême par toute sorte d'égarements ?

En même temps, il les nommait l'un après l'autre, et détaillait les fautes de chacun.

— Pourquoi ? répondait Martin d'un ton ferme, parceque les dettes anciennes sont acquittées par les œuvres d'une vie meilleure, et que, grâce à la miséricorde du Seigneur, ceux qui cessent de pécher seront absous de leurs fautes.

— Non, non, disait le diable ; il n'y a point de pardon à espérer pour les coupables ; une fois tombés, les hommes n'ont plus rien à attendre de la clémence du Seigneur.

— Que dis-tu, ô misérable, reprenait saint Martin ; même, si tu cessais de tenter les hommes, si, à cette heure encore, tu te repentais de tes crimes, j'aurais assez de confiance dans le Seigneur Jésus pour te promettre sa miséricorde.

Une autre fois saint Martin était en prière dans sa cellule, lorsqu'il la vit tout-à-coup resplendir d'une lueur empourprée. Puis apparut devant lui un personnage à l'air joyeux et souriant : un man-

teau royal couvrait ses épaules; son front était ceint
d'un diadème étincelant de pierreries, et des brode-
quins d'or chaussaient ses pieds.

Saint Martin, d'abord ébloui par cette apparition,
gardait le silence. Au bout de quelques instants l'inconnu lui adresse la parole en ces termes :

— Martin, reconnais celui qui est devant toi : Je
suis le Christ. Sur le point de descendre sur la terre,
j'ai voulu d'abord me montrer à toi.

Saint Martin, soupçonnant quelque piége diabolique, ne répondit rien.

— Martin, continua le personnage, comment
peux-tu douter que je suis le Christ ?

A ce moment, l'Esprit saint fait connaître au
pieux moine le personnage qui lui parle : c'est le
démon.

— Le Seigneur Jésus, dit-il alors, n'a point an-
noncé qu'il viendrait revêtu de pourpre et couronné
d'un diadème. C'est pourquoi, si je ne vois le Christ
tel qu'il était lorqu'il a souffert pour les hommes,
s'il ne porte les marques de la croix, je ne croirai
point que ce soit lui.

Alors le démon disparut, laissant comme trace
de son passage une puanteur, qui aurait suffi pour
le faire reconnaître.

Très-souvent, surtout vers la fin de sa vie, saint
Martin était tourmenté par ces visions diaboliques,
au point qu'il avait fini en quelque sorte par s'y
habituer. Le démon se présentait généralement à lui
sous la forme de divinités païennes, particulière-

ment de celles qui étaient le plus honorées en Gaule.
Saint Martin les reconnaissait et les apostrophait
par leur nom. Quelquefois il racontait à ses dis-
sciples ce qu'il avait éprouvé de leur part. C'est
de Mercure, le dieu du commerce qu'il eut le plus
à souffrir. Mercure était la divinité dont le culte
était le plus répandu parmi les Gaulois de cette
époque. Ils lui avaient élevé un grand nombre de
temples et de statues, et ils étaient convaincus qu'il
avait une grande puissance pour les faire réussir
dans leur négoce. On eût dit que ce démon voulait
se venger du tort que saint Martin faisait à son culte
par ses exemples et ses prédications.

D'autres démons sous la forme de divinités païennes lui apparaissaient aussi de temps en temps.
C'étaient tantôt Jupiter, tantôt Vénus, tantôt quelque autre divinité qui se montrait à lui avec les
attributs qu'avait inventés le paganisme ; mais il
les redoutait moins que Mercure. Il disait en particulier de Jupiter qu'il n'était qu'un stupide et un
hébété.

CHAPITRE IX.

VISION DU CIEL.

Nous avons vu dans le chapitre précédent comment Dieu, pour éprouver son serviteur, permettait au démon de le tourmenter sous différentes formes ; mais d'autres fois le grand Saint était récréé par des visions célestes. Laissons un des disciples du Saint nous raconter lui-même une de ces visites du ciel dont il fut en quelque sorte le témoin.

« Un jour nous étions, Sulpice et moi, assis à sa porte. Il y avait plusieurs heures que nous nous y tenions, remplis d'une crainte respectueuse, comme si nous eussions été chargés de monter la garde devant la demeure d'un ange. Comme sa porte était fermée, il ignorait que nous fussions là. Au bout de quelque temps nous entendîmes comme un bruit de paroles et nous fûmes saisis de je ne sais quel sentiment de frayeur surnaturelle, qui ne nous permit pas de douter qu'il se passait dans cette cellule quelque chose de divin. Deux heures après Martin sortit, et Sulpice, qui lui parlait plus librement que personne, le pria de contenter notre pieuse curiosité, en nous disant ce que signifiait cette frayeur surnaturelle que nous avions éprouvée, et

quels étaient des personnages qui causaient avec
lui dans sa cellule ; car nous avions entendu parler,
à voix basse il est vrai, et d'une manière presque
imperceptible. Il hésita beaucoup à nous répondre,
mais il n'était rien que Sulpice ne parvînt à lui
arracher. (Ce que je vais vous dire paraîtra peut-
être incroyable à quelques-uns ; mais le Christ
m'est témoin que je ne mens pas ; et je suppose bien
que personne ne serait assez impie pour accuser
Martin de mensonge.) « Je vous dirai donc, nous
« dit-il, ce qui m'est arrivé ; mais, je vous en prie,
« ne le répétez pas : Agnès, Thècle et Marie étaient
« avec moi. » Et il nous dépeignit le visage et le
costume de chacune de ces saintes. Il nous avoua
aussi que ce n'était pas la première fois qu'il recevait leur visite. Cela lui arrivait assez souvent.
Il ajouta que : « Pierre et Paul s'étaient aussi bien
des fois montrés à lui. »

Une autre fois saint Martin se trouvant en voyage
à Arthonne, village situé à six lieues de Clermont,
alla visiter le tombeau d'une vierge nommée Vitaline, qui était morte récemment en odeur de sainteté. La vierge lui apparut, et le Bienheureux, l'appelant par son nom, lui demanda si elle avait déjà
obtenu la vision du Seigneur.

— Non, répondit celle-ci, une chose, qui dans
le monde me paraissait bien légère, m'en prive
jusqu'à ce moment : c'est de m'être lavé le visage
le vendredi, jour où nous savons que le Sauveur a
souffert.

Peut-être, à cette époque, une coutume ou une loi que nous ne connaissons pas interdisait-elle de se laver le vendredi, ou quelque sentiment de vanité se sera glissé dans un acte qui n'a rien de répréhensible en lui-même.

Le Bienheureux, en s'éloignant, saisit cette occasion de recommander à ses disciples une grande pureté de conscience.

— Malheur à nous ! leur dit-il, malheur à .nous qui vivons en ce monde ! Car, si une vierge consacrée au Christ, a mérité d'être châtiée pour s'être lavé le visage un vendredi, qu'en sera-t-il de nous que le siècle trompeur entraîne tous les jours au péché !

Le soir du même jour, le Bienheureux revint au tombeau de la vierge.

— Réjouissez-vous maintenant, Vitaline, lui dit-il ; car dans trois jours vous serez presentée à la Majesté Suprême.

En effet, trois jours après, la vierge apparut à plusieurs personnes, et leur obtint les grâces qu'elles lui avaient demandées auparavant.

VIE

DE SAINT MARTIN

LIVRE TROISIÈME

TRAVAUX APOSTOLIQUES.

L'amour du saint évêque pour la retraite ne l'empêchait pas de remplir les devoirs de sa charge L'histoire de ses nombreux travaux apostoliques nous fait même supposer qu'il passait au dehors du monastère une grande partie de l'année, pour visiter son diocèse et porter en tous lieux le feu de la charité.

CHAPITRE I.

ZÈLE CONTRE L'IDOLATRIE.

Les coutumes païennes, encore enracinées dans les campagnes surtout, étaient un des grands obstacles qui s'opposaient à la conversion des peuples de la Gaule. Cent fois les apologistes chrétiens avaient démontré combien il était absurde de rendre les honneurs divius à des statues inertes; mais le peuple ne raisonne pas, et il se trouvait encore bien des gens, qui restaient païens par habitude plutôt que par conviction. Il importait de déraciner ces habitudes préjudiciables au salut. Le saint évêque s'y employa avec le zèle le plus ardent.

Un des principaux moyens qu'il mit en œuvre pour rendre les conversions durables fut la destruction des temples, statues et autres objets dédiés au culte des fausses divinités. C'était une mesure souvent indispensable, si l'on ne voulait pas que la vue d'objets longtemps vénérés rappelât à leurs anciens errements des hommes éclairés une première fois par la lumière évangélique; mais cela n'était pas toujours facile, et ce fut plus d'une fois au peril de sa vie que le saint évêque parvint à faire disparaître ces souvenirs d'un culte qui restait cher aux populations par son antiquité.

Un jour il avait, à l'aide de ses moines, démoli un temple fort ancien et mis en pièces les statues qu'il renfermait, sans que la population à qui il avait sans doute fait comprendre l'inanité de son culte s'y fût sérieusement opposée. Restait au même endroit un pin très-gros et très-touffu, qui était dans le pays l'objet d'une vénération sacrilége. Le Saint entreprit de l'abattre; mais, comme il mettait la cognée à la racine de l'arbre, voilà que le chef des prêtres des faux dieux accourt, en compagnie d'une troupe d'idolâtres. Tous s'opposent à ce qu'on abatte cet arbre.

Saint Martin essaie de leur faire comprendre qu'un tronc d'arbre, produit de la terre, n'a rien qui mérite leur vénération. C'est le vrai Dieu qu'il faut honorer. Quant à ce pin, il faut l'abattre, parce qu'il est consacré au démon.

Ces exhortations ne font qu'accroître la fureur des païens ; et l'un d'eux, s'approchant du Saint :

— Si vous avez, lui dit-il, quelque confiance en ce Dieu que vous honorez, nous allons nous-mêmes couper cet arbre, pourvu que vous consentiez à le recevoir au moment de sa chute. Si votre Seigneur, comme vous l'appelez, est avec vous, vous n'en éprouverez aucun mal.

La proposition est acceptée avec confiance par saint Martin, qui attend de Dieu un miracle, avec enthousiasme par les païens, qui s'imaginent avoir trouvé le moyen de se défaire de l'ennemi de leurs dieux.

Saint Martin fut donc lié et placé par les païens du côté où le pin pencherait, et où il était évident qu'il tomberait, une fois coupé. Puis ces pauvres gens se mettent de bon cœur à couper eux-mêmes l'antique objet de leur culte. Non loin de là se tenaient les disciples du Saint et une foule de peuple, que ce spectacle avait attirée. Bientôt le pin s'ébranle et menace de tomber. Les moines pâlissent. Terrifiés par l'approche du danger, ils ont perdu tout espoir et n'attendent plus que la mort de leur maître vénéré.

Quant au Saint, plein de confiance en Dieu, il n'a pas perdu un instant sa tranquillité, et lorsqu'après avoir entendu craquer le pin, il le voit se précipiter sur lui, il élève aussitôt la main et lui oppose le signe du salut. Alors, comme s'il eût été repoussé tout-à-coup par un ouragan furieux, l'arbre gigantesque se renverse du côté opposé, si rapidement que les païens qui s'y croyaient en sûreté faillirent être écrasés par sa chute. A l'instant une immense clameur s'élève vers le ciel : les païens sont dans l'admiration en face de ce prodige ; les moines pleurent de joie, et tous ensemble exaltent le nom du Christ.

Ce fut un jour de salut pour ces pauvres infidèles. Presque tous, abandonnant leurs erreurs, demandèrent l'imposition des mains, pour être admis au nombre des catéchumènes, et crurent en Jésus-Christ.

Avant saint Martin, continue le pieux auteur à qui nous avons emprunté ce récit, le nom de Jésus-Christ était à peine connu dans ces régions : mais bientôt, grâce aux exemples et aux vertus du saint évêque, il n'y eut pas de pays où les églises et les monastères fusse nt plus nombreux ; car, à la place des temples détruits, il construisait toujours ou une église ou un couvent.

Peu de temps après la chute du temple et du pin dont nous venons de parler, saint Martin se rendit à un autre temple très-célèbre dans les environs. Il y mit le feu. Mais voici que les flammes poussées par le vent se portent en tourbillons sur une maison voisine, laquelle va nécessairement être enveloppée dans l'incendie. Le Saint, s'en apercevant, monte aussitôt sur le toit de la maison menacée, et les flammes, comme si le vent eût tout-à-coup changé de direction, sont violemment repoussées du côté opposé.

Quelquefois Dieu aidait lui-même son serviteur dans la destruction des édifices consacrés aux fausses divinités, comme cela arriva à Amboise, ville située, non loin de Tours, sur les bords de la Loire. Il y avait dans cette ville un certain nombre de moines que saint Martin avait mis sous la conduite d'un saint prêtre, nommé Marcel. Dans une de ses visites, le Saint avait remarqué un édifice consacré à l'idolâtrie. C'était une sorte de tour construite dans des proportions grandioses et faite en pierres polies, solidement cimentées. Saint Martin recommanda à Marcel de l'abattre. Au voyage suivant, il vit avec peine que la tour subsistait encore. Il en fit des reproches au moine, qui s'excusa sur l'impossibilité matérielle, pour quelques hommes exténués de jeûnes, d'accomplir une semblable besogne. Le Saint n'insista pas ; mais il passa la nuit en prière, et le lendemain l'édifice profane, balayé jusque dans ses fondements par un ouragan miraculeux, n'offrait plus que des ruines.

Une autre fois saint Martin avait été obligé de reculer devant la multitude. C'était dans un bourg de son diocèse, nommé Levroux. Il y avait là un temple fameux, enrichi par la superstition. Quand le saint évêque voulut l'abattre, les païens s'ameutèrent et le repoussèrent avec force outrages. Le Saint se retira dans la solitude, jeûna et pria pendant trois jours. Au bout de ce temps deux anges, sous la forme de deux guerriers, lui apparurent, lui disant de prendre courage, que personne ne pourrait désormais s'opposer à la destruction de ce temple.

Notre Saint, plein de confiance dans cette promesse, se rend de nouveau au temple, dans l'intention de le détruire. Mais, dès qu'on le voit arriver, les païens s'ameutent de nouveau, et ne paraissent pas plus disposés à le laisser faire que la première fois. Cependant saint Martin ne se laisse pas effrayer par leurs menaces : il abat les autels et les statues des faux dieux et détruit le temple de fond en comble, sans que personne ose y mettre opposition. Les païens, étonnés eux-mêmes de leur inaction en présence de ces ruines amoncelées, reconnurent qu'il y avait dans cette circonstance quelque chose de miraculeux : ils se montrèrent disposés à écouter saint Martin, qui en profita pour leur enseigner le culte du vrai Dieu.

La ville d'Autun possédait aussi un temple fameux ; le Saint en avait abattu l'autel et les idoles, lorsque, tout-à-coup, une foule de paysans idolâtres se précipitent dans le temple, et courent à saint Martin, pour venger sur sa personne l'insulte faite à leurs prétendues divinités. Le Saint leur oppose son calme ordinaire ; mais ces hommes furieux ne veulent rien entendre, et l'un deux lève une épée pour le frapper. Le Saint tend le cou. Le païen s'apprête à le trancher ; mais, tout-à-coup renversé par une main invisible, il reconnaît la puissance du Dieu que prêche Martin, et demande pardon de son attentat. Le pardon ne fut pas difficile à obtenir, et le saint évêque profita de l'impression produite sur ces pauvres ignorants, pour ouvrir leurs yeux à la lumière de l'Evangile.

Cette fois il ne détruisit pas le temple ; il se contenta de le consacrer au vrai Dieu, sans doute parce qu'il crut que les habitants d'Autun étaient assez fermes dans leur foi, pour que l'ancien objet de leur culte idolâtrique ne fût plus un danger pour eux.

CHAPITRE II.

MIRACLES.

Sous ce titre nous réunirons quelques-unes des actions miraculeuses qui étaient l'accompagnement ordinaire des prédications de notre Saint. En réalité sa vie tout entière est en quelque sorte miraculeuse. Dieu l'avait doué sous ce rapport d'une puissance si merveilleuse qu'on l'a appelé à juste titre le Thaumaturge des Gaules. Aussi nous ne saurions avoir la prétention de tout rapporter ici. Le premier historien de saint Martin y a renoncé, pour ne pas ennuyer ses lecteurs par une trop longue répétition des mêmes faits. Et d'ailleurs, lui-même, quoique disciple et contemporain du saint thaumaturge, est loin d'avoir tout connu. Le Saint a avoué qu'après son élévation à l'épiscopat il faisait moins facilement des miracles que lorsqu'il était simple moine; or la plupart des miracles que nous connaissons ont été opérés après sa nomination à l'évêché de Tours. L'obscurité de sa vie antérieure ne nous a laissé connaître que fort peu des prodiges qu'il opéra pendant ce temps-là. Le plus grand nombre ne nous est donc pas connu; mais, quoique nous ne rapportions même pas ici tous ceux que l'histoire nous a transmis, le peu que nous allons dire suffira pour nous donner une idée de cette merveilleuse faculté de faire des miracles dont Dieu avait doué notre Saint.

MALADIE ET MORSURE DE SERPENT.

Un des disciples de saint Martin avait un oncle nommé Evantinus, lequel, quoique mêlé aux affaires du siècle, était un excellent chrétien. Cet homme étant tombé gravement malade demanda saint Martin, qui se hâta de se rendre à son appel avec Gallus, le neveu d'Evantinus. Ils n'avaient pas fait la moitié du chemin que le malade, éprouvant de loin la vertu du saint évêque, se trouva tout-à-coup guéri et si parfaitement qu'il put se lever et aller à la rencontre des pieux voyageurs. Saint Martin et son compagnon passèrent la nuit dans la maison d'Evantinus.

Le lendemain le Saint voulait reprendre le chemin de son monastère, mais Evantinus fit tant d'instances pour le retenir qu'il consentit à rester encore quelque temps.

Sur ces entrefaites, un serviteur d'Evantinus fut piqué par un serpent. En peu de temps la force du poison mit le blessé dans un tel état qu'il paraissait mort. Evantinus le charge sur ses épaules et va le déposer aux pieds du Saint, persuadé que rien ne lui est impossible. Déjà la poison avait fait de tels ravages que le corps était tout gonflé. Saint Martin avance la main, et parcourant du doigt tous les membres du malade, s'arrête auprès de la blessure par laquelle le venin s'était introduit. Alors le poison, rappelé de toutes les parties du corps, accourt au doigt de Martin, s'écoule avec le sang par l'étroite ouverture comme on voit le lait s'échapper des mamelles de la chèvre pressées par le berger. Le serviteur se releva guéri. Quant à nous, ajoute Gallus, racontant lui-même ce fait, nous étions saisis d'admiration à la vue de ce prodige, et nous nous disions qu'il n'y avait pas sous le ciel un homme aussi grand que Martin.

LA SOURCE.

Un jour saint Martin rentrait dans son diocèse, après avoir assisté à un concile tenu contre les Priscillianistes, dont nous parlerons plus loin. Il était monté sur un âne, comme cela lui arrivait lorsque la fatigue ou la longueur du voyage ne lui permettait pas d'aller à pied. Arrivé sur le territoire de Saintes, près d'un village nommé aujourd'hui Nieuil-lès-Saintes (Charente-Inférieure), il rencontra un homme du pays qui portait de l'eau dans une cruche. Saint Martin lui demanda d'en donner un peu à sa monture.

— Si vous croyez que votre bête a soif, lui dit cet homme, allez vous-même au puits ; vous pourrez y puiser de l'eau et l'abreuver. Quant à moi, j'ai eu trop de peine à aller chercher cette eau pour vous la céder.

En effet, le puits était situé à environ mille pas du village, et les habitants ne pouvaient se procurer de l'eau qu'en cet endroit.

Pendant que cet homme peu obligeant s'éloigne, voici venir une femme, chargée aussi d'une cruche pleine d'eau. Le Saint lui réitère sa demande.

— Très-volontiers, répond aussitôt cette femme. Je vais vous donner à boire ; puis j'abreuverai votre monture. Je n'aurai pas grand mal à aller chercher de l'eau une seconde fois, et au moins vous qui voyagez et avez besoin, vous serez satisfait.

Saint Martin après s'être désaltéré et avoir fait boire son âne, dit à la nouvelle Rébecca :

— Je veux vous payer le service que vous m'avez rendu.

Alors il se mit à genoux, et bientôt on vit une source jaillir du sol.

JEUNE FILLE MOURANTE.

Peu de temps après le fait que nous venons de raconter, saint Martin arrivait à Trèves, où il était venu pour parler à l'empereur Maxime, résidant dans cette ville. Au moment où le Saint entrait dans la ville, une jeune fille, complètement paralysée, se mourait sous les yeux de son père navré de douleur. Bientôt le bruit se répand que le saint évêque est arrivé. A cette nouvelle le malheureux père quitte sa fille mourante, court à l'église, où saint Martin venait d'entrer suivant son habitude.

perce la foule, et se jetant aux pieds du saint pontife :

— Ma fille se meurt, s'écrie-t-il; je vous en prie, venez la voir et la bénir; car j'ai la confiance qu'elle vous devra la santé.

Cette demande, faite en public, dans une ville où il pouvait se croire à peu près inconnu, effraya un peu l'humilité de notre Saint.

Cette œuvre, répondit-il, n'est pas en mon pouvoir. Ce vieillard se trompe; je ne suis pas digne que Dieu se serve de moi pour donner un signe de sa puissance.

Mais le vieillard ne se laissa pas décourager.

— Je vous en prie, continua-t-il, venez visiter ma fille mourante.

Les prélats qui se trouvaient présents joignirent leurs prières à celles de cet infortuné; et enfin saint Martin consentit à aller à la maison, où se mourait en effet la jeune paralysée. Il y fut suivi d'une grande multitude, qui s'arrêta à la porte, dans l'attente de ce qui allait arriver.

Saint Martin, prosterné contre terre, pria quelques instants; puis, sentant que Dieu l'exauce, il demande de l'huile, la bénit et en verse quelques gouttes dans la bouche de la malade, qui recouvre immédiatement la parole. Il touche ensuite les membres paralysés, qui reviennent à la vie au contact de sa main; et enfin la jeune malade, complètement guérie, se lève et se montre à la foule.

POSSÉDÉS.

Le bruit de ce miracle se répandit bien vite dans la ville de Trèves, et donna à bien des gens l'idée de recourir au saint évêque pour des maux que que Dieu seul pouvait guérir.

Il y avait alors dans la maison d'un homme riche, nommé Tetradius, un esclave possédé du démon. Les cas de possession étaient alors beaucoup plus fréquents que de nos jours. Le baptême, que la plupart des enfants reçoivent immédiatement après leur naissance, semble avoir ôté au démon une grande partie de sa puissance. Du temps de saint Martin, alors que le paganisme était encore en vigueur dans bien des contrées, il n'en était pas ainsi. Il n'était nullement rare de voir des personnes possédées du démon, et notre Saint eut l'occasion d'en guérir plusieurs. Dieu lui avait donné sur les malins esprits une grande puissance. Lorsqu'on lui présentait un possédé, il prenait habituellement un rude cilice, se couvrait de cendre ; puis, se prosternant par terre, il priait avec ferveur, et le démon, qui, selon la parole de Notre-Seigneur, cède au jeûne et à la prière, était obligé de se retirer.

On vint donc, de la part de Tetradius, prier saint Martin de guérir le malheureux esclave.

— Qu'on me l'amène à l'église, répondit-il.

Mais la chose n'était pas praticable. Le démon

ne tenait probablement pas à être présenté à saint Martin, et la rage du pauvre possédé devint telle qu'il fut impossible de le faire sortir de la chambre où il était renfermé.

Tetradius alla donc lui-même trouver le Saint, et le pria de venir à sa maison.

Saint Martin répondit qu'il ne pouvait entrer dans la maison d'un idolâtre.

Alors Tetradius promet de se faire chrétien, si son serviteur est délivré.

Le saint évêque n'attendait pas autre chose; il suivit Tetradius à sa maison, délivra l'esclave en lui imposant les mains, et reçut immédiatement le maître au nombre des catéchumènes. Tetradius reçut le baptême quelque temps après et conserva toujours une grande affection pour le saint pontife.

Vers le même temps, et dans la même ville, saint Martin rendait visite à un père de famille. Au moment d'entrer dans la maison, il aperçut un horrible démon dans le vestibule.

— Sors d'ici, je te l'ordonne, dit-il.

Mais le démon, au lieu de sortir, s'empara du cuisinier, qui devint aussitôt possédé. Ce malheureux se jette alors sur tous ceux qu'il peut atteindre, et les déchire à belles dents. Toute la maison est effrayée; les gens du quartier eux-mêmes commencent à prendre la fuite. Saint Martin se précipite à la rencontre de l'énergumène et lui ordonne de s'arrêter. Il s'arrête en effet; mais il grince les dents et ouvre la bouche, comme s'il voulait dévorer le saint homme.

Celui-ci met alors ses doigts dans la bouche du possédé, en lui disant : « Dévore-les, si tu peux. » Loin de serrer les dents, l'énergumène les écarte le plus qu'il lui est possible, et fait des efforts pour éviter cette main, qui semble le brûler comme un fer rouge. Mais le Saint ne lâche pas prise ; et le démon, comme si ces doigts l'avaient empêché de sortir autrement, s'échappe par un flux de ventre, laissant après lui des traces infectes.

Peu de temps après ce dernier miracle, le bruit se répandit tout-à-coup dans la ville que les barbares venaient de faire une irruption dans le pays. La ville de Trèves, à cause de sa position sur la frontière, était plus qu'aucune autre exposée à ce danger ; il n'y avait donc dans cette nouvelle rien de surprenant, et tout le monde y ajoutant foi, la ville fut bientôt dans un tumulte extraordinaire. La foule se précipita dans l'église pour implorer le secours de Dieu.

Cependant personne ne pouvait dire d'où venait ce bruit, qui avait subitement fait succéder une panique générale au calme le plus complet. Saint Martin y soupçonna quelque artifice du malin esprit.

— Qu'on m'amène un possédé, dit-il à la foule qui se pressait autour de lui.

On lui en amena un ; et le Saint lui ayant ordonné de dire si cette nouvelle était vraie, le démon, forcé par la puissance du saint apôtre à dire la vérité, répondit que les barbares ne songeaient pas à attaquer le pays; mais que lui et neuf autres démons avaient fait courir ce bruit, pour effrayer la population et forcer Martin à quitter la ville.

Ainsi fut déjouée la ruse du démon, et le saint évêque resta encore quelque temps à Trèves, où il était venu, comme nous l'avons dit, pour s'entretenir avec l'empereur Maxime. Nous réservant de parler plus tard de ses rapports avec ce prince, nous allons continuer à raconter quelques-uns de ses principaux miracles.

LÉPREUX.

C'est une horrible maladie que la lèpre. L'infortuné qui en est atteint voit son corps se couvrir d'une croûte infecte, qui le dévore et l'oblige à fuir la société de ses semblables; car, outre que ce mal hideux fait du malheureux qui en est atteint un objet d'horreur il peut se communiquer par le simple contact des choses touchées par le lépreux. Cette maladie est heureusement devenue très-rare dans nos pays; mais du temps de saint Martin, elle faisait encore, de nombreuses victimes. Le Saint eut l'occasion d'exercer sa puissance miraculeuse en faveur de plusieurs infortunés atteints de cette plaie réputée incurable. L'histoire nous a transmis deux de ces guérisons.

La première fois, c'était auprès de Paris. Le Saint entrait dans cette ville, lorsqu'il vit un lépreux dont tout le monde se détournait avec horreur. Pour lui, il s'approcha de ce malheureux, et, en présence de la foule interdite, lui donna le baiser de paix et le bénit. Le lépreux, guéri immédiatement, vint le lendemain remercier Dieu dans l'église.

L'autre guérison du même genre eut lieu près de Châtillon (Indre). Notre Saint, voyageant dans ces contrées, se détourna de sa route pour entrer dans une église qu'il apercevait à quelque distance ; car c'était son habitude de ne point passer près d'une église, sans s'y arrêter quelques instants pour adorer le divin Maître. Il rencontra à la porte le seigneur du pays. Cet homme était affligé de la lèpre. Cependant saint Martin entra dans l'église, sans s'arrêter ; mais, lorsqu'il sortit, le seigneur sachant qu'il avait devant lui le grand évêque de Tours, dont la puissance miraculeuse était connue en toute la Gaule, se jeta à ses pieds, le conjurant d'accepter l'hospitalité dans sa demeure.

— Que la laideur de mon mal ne vous empêche pas d'accepter mon invitation, lui dit-il ; car j'ai des maisons convenables pour vous recevoir.

— Sans doute, répondit le Saint, c'est la volonté de Dieu que je loge chez vous, mon frère. Conformez-vous donc à l'usage, et donnez le baiser de paix à votre hôte.

L'infortuné, que son mal obligeait à se tenir éloigné de tout le monde, n'aurait osé de lui-même se conformer à cet usage. Il le fit sur la demande du Saint, espérant peut-être que ce contact allait le guérir comme le lépreux de Paris. Mais, par un secret dessein de Dieu, il n'en fut rien.

Cependant saint Martin fut reçu avec beaucoup d'égards dans la maison de ce seigneur. A la fin du repas, l'infortuné se jeta encore une fois aux pieds du Saint, lui montrant l'état hideux de son corps, et lui demandant une guérison qu'il ne pouvait attendre d'un autre.

— Je suis votre débiteur, lui répondit saint Martin, je prierai à votre intention. Pour vous, purifiez votre conscience, et demain, à la messe solennelle, venez recevoir de ma bouche le baiser de paix, et participer aux saints mystères.

Le lendemain ce seigneur se conforma au désir de saint Martin, et, en recevant la sainte communion, il se trouva guéri.

MIRACLES OPÉRÉS AU NOM DE SAINT MARTIN.

Notre-Seigneur a dit à ses apôtres : « Celui qui croira en moi fera les œuvres que j'ai faites et de plus grandes encore. » Notre bienheureux saint fut un de ceux en qui cette parole s'est accomplie à la lettre. Souvent sa présence n'était pas même nécessaire pour opérer des prodiges. Un ordre de lui, son nom prononcé avec confiance, un objet qu'il avait touché suffisait.

Florent, un de ses disciples, passant un jour près d'un village situé sur les bords de la Loire, vit les habitants accourir en grand nombre pour le supplier de les délivrer d'un serpent énorme, qui dévorait les hommes et les animaux.

Florent répondit qu'il en parlerait à Martin, et qu'il leur rapporterait la réponse du saint homme.

Il revint peu de temps après. Saint Martin lui avait ordonné de défendre à la bête, au nom du Seigneur Jésus, de jamais nuire à aucun chrétien. Il le fit, et le monstre se précipita dans le fleuve, où il se noya.

Dans un de ses voyages, saint Martin s'était arrêté un soir à un monastère, où il avait accepté l'hospitalité pour la nuit. Le lendemain matin, après son départ, les pieuses filles qui vivaient dans ce monastère, pénétrèrent dans la cellule où il avait dormi sur un peu de paille. Elles se partagèrent cette paille; et l'une d'elles, ayant vu quelques jours après un énergumène que tourmentait l'esprit d'erreur, lui mit cette paille autour du cou. Il n'en fallut pas d'avantage pour chasser le démon.

Un navire voyageait sur la mer Tyrrhénienne, se dirigeant vers Rome, lorsqu'il fut assailli par une violente tempête. La vie des passagers était en danger, quand un marchand égyptien, qui n'était pas même chrétien, s'écria au milieu de la tourmente : « Dieu de Martin, sauvez-nous! »

A l'instant même le calme se rétablit.

RÉSURRECTION D'UN ENFANT.

Ces faits et mille autres du même genre avaient répandu au loin la réputation de sainteté du grand

évêque de Tours. Aussi, toutes les fois qu'il paraissait dans un pays, voyait-on les populations accourir à sa rencontre et lui demander la guérison de
leurs maux. On se disputait ses reliques, on em-
portait avec bonheur quelques fils de son manteau,
de l'huile bénite par lui, et bien souvent ces objets
rendirent la santé aux malades.

L'humilité du saint évêque souffrait bien un peu
de cet empressement. Un jour même, le jour où la
vierge Vitaline lui était apparue, il refusa d'entrer
à Clermont, parce que les habitants, venus en foule
au devant de lui, lui avaient préparé une sorte d'entrée triomphale. Toutes les instances qu'on put lui
faire furent inutiles, tant son humilité avait été
blessée des préparatifs qu'on avait faits pour sa ré-
ception. Tout ce qu'on put obtenir, ce fut qu'il im-
posât les mains aux malades qui avaient pu venir
jusque-là, ce qui suffit pour leur rendre la santé.

Bien des fois cependant le Bienheureux sut faire
tourner à la gloire de Dieu cette attraction qu'il
exerçait sur les masses. Un jour qu'il passait près
de Vendôme, bourg situé entre Tours et Chartres,
toute la population encore païenne vint à sa rencontre. La plaine était remplie d'hommes, de femmes, d'enfants accourus au devant de l'illustre
pontife.

Celui-ci se sentit alors inspiré par l'Esprit-Saint,
comme il le raconta plus tard ; il frémit en lui-
même, et d'une voix en quelque sorte surnaturalisée,
il annonça le vrai Dieu à ces pauvres idolâtres. Pen-

dant qu'il parle, une femme perce la foule. C'est une mère : elle tient dans ses bras le corps inanimé de son enfant, qui vient de mourir.

— Nous savons que vous êtes l'ami de Dieu, s'écrie-t-elle, en présentant au Saint le cadavre de son enfant ; rendez-moi mon fils, mon unique enfant.

Saint Martin prend ce corps, se met à genoux, et après avoir prié quelques instants, il rend à l'heureuse mère son fils ressuscité.

Alors du sein de cette multitude un cri s'échappe spontané, unanime : « Le Christ est Dieu. »

Et ils demandent tous à être reçu catéchumènes, ce que le saint évêque leur accorda en leur imposant les mains.

Plus tard une église fut bâtie à l'endroit même où ce miracle avait été opéré. On l'appela : *Eglise de saint Martin donnant la vie.*

L'INCENDIE.

Nous terminerons le récit des miracles de notre Bienheureux par un prodige dont il fut lui-même l'objet pendant une de ses tournées diocésaines.

Les clercs de la paroisse qu'il visitait lui avaient préparé un logement dans la sacristie. Le Saint reposait habituellement sur la terre nue ; tout au plus permettait-il qu'on lui préparât un peu de paille pour sa couche. Ce jour-là les clercs en avaient amoncelé une assez grande quantité dans

un coin de la cellule ; et de plus, comme on était
en hiver, ils avaient mis des charbons allumés dans
des fournaux sous les dalles du centre de l'appartement.

Saint Martin s'était d'abord couché sur la paille
qu'on lui avait préparée ; mais bientôt, trouvant
cette couche trop molle, il rejeta la paille, avec
une sorte d'indignation, au milieu de la cellule et
se coucha sur le pavé où il ne tarda pas à s'endormir. Vers minuit, il fut éveillé en sursaut par les
flammes. La paille jetée sur les fourneaux avait pris
feu à travers le carrelage usé et fendu en différents
endroits. Le premier mouvement de notre Saint fut
de courir vers la porte pour échapper au danger
qui le menaçait ; mais, quoiqu'il l'eût fermée lui-
même, il lui fut impossible de l'ouvrir. Sentant
alors les flammes le gagner, il eut recours à la
prière, le seul moyen qui lui restât, et, faisant le
signe de la croix, il se mit au milieu des flammes,
qui se séparèrent, et continuèrent à brûler autour
de lui, sans lui faire aucun mal.

Cependant les disciples du saint évêque, éveillés
eux-mêmes par la lueur et les crépitements de l'incendie, accoururent et enfoncèrent la porte de la
cellule, s'imaginant bien qu'ils allaient trouver leur
vénéré maître entièrement brûlé. Quel ne fut pas
leur étonnement et leur joie, lorsqu'ils le virent
priant tranquillement, au milieu de la fournaise
allumée autour de lui !

Quant à saint Martin, il se reprocha longtemps

ce qu'il regardait comme un manque de foi. « Voyez, disait-il à Sulpice Sévère, tant que j'ai voulu échapper aux flammes par les moyens naturels, elles m'ont fait sentir leurs atteintes; mais dès que j'ai eu recours à la prière, elles n'ont plus été pour moi qu'une rosée bienfaisante. »

———

VIE
DE SAINT MARTIN

LIVRE QUATRIÈME

RAPPORTS DE SAINT MARTIN AVEC LES PUISSANCES TEMPORELLES.

Les évêques se trouvent souvent, en face des puissances de ce monde dans une position assez délicate. Si d'un côté ils leur doivent, comme sujets, soumission et obéissance ; de l'autre. comme pasteurs il ne leur est pas permis de se départir des règles d'une noble et courageuse indépendance qui sait dire aux princes la vérité, aussi bien qu'aux plus humbles de leurs sujets. Or cela n'est pas toujours facile. Lorsqu'un homme tient en ses mains les intérêts et la vie de personnes qui vous sont chères, lorsque cet homme n'est entouré que de flatteurs qui l'approuvent en toutes choses, il faut une vertu, un courage peu commun pour ne pas se laisser aller à flatter comme les autres ; il en faut surtout pour oser dire en face à cet homme : vous avez tort.

Cependant l'Eglise n'a jamais manqué d'hommes

sachant dire aux princes la vérité, quelque dure qu'elle fût à entendre ; et ce n'est pas un des moindres services qu'elle a rendus aux peuples, à une époque où les princes se croyaient tout permis, parce qu'ils n'étaient obligés de rendre compte de leurs actes à personne ici-bas. Le siècle de saint Martin en particulier restera à jamais célèbre par la courageuse conduite du saint évêque de Milan, arrêtant sur le seuil de son église l'empereur coupable. On pense bien que notre saint pontife, lui aussi, n'était pas homme à transiger avec son devoir, par crainte des puissants de ce monde. Nous allons voir avec quelle sainte liberté il savait plaider la cause des opprimés et faire respecter en sa personne la religion et le sacerdoce catholiques.

CHAPITRE I.

L'EMPEREUR VALENTINIEN.

Quelque temps après son élévation à l'épiscopat, une affaire dont Sulpice Sévère ne nous a pas fait connaître la nature, appela saint Martin à la cour de l'empereur Valentinien.

Valentinien était chrétien. Avant de monter sur le trône impérial, il avait même donné des preuves d'un zèle ardent pour sa foi. On raconte, en effet, que se trouvant un jour avec l'empereur Julien l'A-postat dans le temple de la Fortune, pendant que les prêtres de la déesse faisaient leurs aspersions ordi-naires sur l'empereur et son entourage, une goutte d'eau tomba sur le vêtement de Valentinien, qui répondit par un coup de poing donné au ministre, coupable, disait-il, de l'avoir sali avec son eau ; et il déchira la partie de son vêtement qui avait été mouillée. Ce dédain l'exposait au martyre, ou au moins à la disgrace de l'empereur, il le savait ; mais il n'était pas d'humeur à se contraindre, même quand il s'agissait de sa vie.

Malheureusement Valentinien ne conserva pas toujours ce zèle pour la religion. Une fois sur le trône, il parut même assez disposé à favoriser les

païens. On cite de lui ce trait entre plusieurs. L'E-
glise n'admettait les comédiens au baptême que
lorsqu'ils avaient quitté leur profession et promis
de ne plus la reprendre. Les païens craignant que
cette loi ne leur enlevât des hommes qui servaient
à leurs divertissements, obtinrent de Valentinien un
décret qui les autorisait à empêcher les comédiens
de recevoir le baptême, lorsque leur vie n'était pas
véritablement en danger.

Enfin l'impératrice Justine était dévoué aux ariens
et il est problable qu'elle ne manquerait pas d'exercer son influence sur son mari pour l'engager à favoriser ces hérétiques.

Tel était l'homme que saint Martin allait trouver,
peut-être pour obtenir de lui quelque protection
contre les païens ou les ariens. Quoiqu'il en soit,
l'empereur connaissait le motif qui engageait le
saint évêque à venir à sa cour ; et, comme il était
décidé à ne pas lui accorder sa demande, il donna
l'ordre de ne pas le laisser entrer lorsqu'il se pré-
senterait.

La première fois qu'il fut éconduit, saint Martin
put croire que cela tenait à quelque circonstance
étrangère, et il revint le lendemain. Mais, ayant
éprouvé le même refus, il vit bien que c'était un
parti pris de lui fermer la porte du palais. Alors il
eut recours à ses armes habituelles: la prière, le
jeûne, la mortification. Pendant sept jours, prosterné sur la cendre et revêtu d'un cilice, il supplia
le Seigneur de lui accorder la grâce qu'il lui deman-

dait. Le septième jour un ange lui apparut, et lui dit qu'il pouvait se présenter au palais, que rien ne s'opposerait à son entrée. En effet les gardes, malgré l'ordre formel qu'ils avaient reçu laissèrent passer le saint pontife.

L'empereur, l'apercevant de loin, entra contre ses gardes dans un de ces accès de fureur, qui ne lui étaient que trop habituels. En attendant qu'il pût les châtier de leur peu d'attention au service, il se disposait à faire retomber sa colère sur le saint homme, qui osait ainsi braver la consigne. D'abord, au lieu de se lever selon l'usage pour aller au devant de l'évêque et lui donner le baiser de paix, il reste assis par mépris. Mais voici que l'éclat d'une bûche incandescente jaillit du foyer et couvre de charbons enflammés l'empereur et son siége. Il est bien forcé alors de se lever; il se jette dans les bras de saint Martin, et changé tout-à-coup par ce fait miraculeux, il lui accorde ce qu'il désire, sans même lui donner le temps de formuler sa demande.

L'empereur retint saint Martin pendant quelques jours, durant lequels il l'admit plusieurs fois à **sa** table. Ils eurent ensemble de fréquents entretiens, qui tournèrent sans doute au profit de la religion; et, lorsque le Saint voulut retourner dans son diocèse, Valentinien lui offrit de riches présents, que Martin refusa, suivant la règle qu'il s'était imposée.

———

CHAPITRE II

LE COMTE AVITIANUS.

Il y avait six ans environ que saint Martin était évêque de Tours lorsque le gouvernement romain envoya dans cette ville avec le titre de comte un païen nommé Avitianus. C'était un homme féroce par caractère, et se plaisant à voir souffrir ses semblables. Son titre qui lui conférait le droit de vie et de mort dans toute la province, sans qu'il fût possible la plupart du temps d'en appeler de ses jugements, ne lui fournissait que trop l'occasion d'exercer sa cruauté.

Un jour il rentra à Tours, accompagné d'une longue suite de prisonniers qu'il destinait au dernier supplice. Parmi ces malheureux il y avait des coupables sans doute ; mais le caractère du comte permet de supposer que beaucoup d'entre eux étaient loin d'avoir mérité le sort qui leur était réservé. Quoi qu'il en soit, les satellites du comte avaient reçu l'ordre de préparer les instruments de torture pour le lendemain ; car la torture était alors l'accessoire ordinaire du dernier supplice.

Saint Martin ne put apprendre sans frémir le sort qui attendait ces infortunés. Il courut au palais, quoiqu'il fût déjà tard ; mais il en trouva les portes fermées, et il lui fut impossible d'y pénétrer. Alors il eut recours au moyen qui lui avait si bien réussi, lorsqu'il avait voulu pénétrer chez l'empereur : il pria Dieu, et se coucha sur le seuil du palais.

Cependant Avitianus s'était couché, et il dormait, lorsque tout-à-coup un ange lui apparut.

— Le serviteur de Dieu est prosterné devant la porte, lui dit le messager céleste, et tu dors !

Avitianus, éveillé en sursaut, commanda à ses domestiques de faire entrer immédiatement l'évêque, qui était à la porte du palais.

Ceux-ci, bien convaincus que leur maître avait rêvé, firent semblant d'obéir, et revinrent, disant qu'ils n'avaient vu personne.

Le comte les crut et se rendormit. Mais voici que la même voix le réveille de nouveau.

Cette fois il va voir lui-même à la porte, et y trouve en effet saint Martin ; et, sans lui donner le temps de faire une demande dont il a deviné l'objet, frappé d'ailleurs du prodige qui l'a réveillé par deux fois :

— Pourquoi, seigneur, lui dit-il, avoir agi ainsi avec moi ? Je connais votre désir et l'objet de votre demande. Retirez-vous au plus vite de peur que, pour venger l'injure que je vous ai faite, la colère du ciel ne me dévore. Ce que j'ai déjà souffert doit suffire pour ma punition. Car, sachez-le bien, ce n'est pas un coup léger qui m'a contraint à venir ici en personne.

Saint Martin se retira, et le comte donna immédiatement l'ordre de relâcher tous les prisonniers. On se
figure facilement quelles durent être la joie et la reconnaissance de ces infortunés ; mais il est douteux
que leur satisfaction fût plus grande que celle du
pieux évêque qui avait contribué à leur délivrance.

Après cet événement, Avitianus se hâta de fuir
une ville, où il ne se sentait pas le maître d'exercer
librement sa cruauté. Cependant, comme Tours
était le siége de son gouvernement, les devoirs de sa
charge l'y ramenaient de temps en temps ; mais par
respect pour le saint évêque, il n'y commettait plus
les atrocités auxquelles du reste il continuait à se
livrer partout ailleurs.

Lorsque le comte était à Tours, saint Martin
allait quelquefois lui rendre visite. Un jour, en entrant dans la salle d'audience, où Avitianus sié-
geait sur son tribunal, le Saint souffla de loin sur
lui, comme on a coutume de le faire pour les exor-
cismes.

Le comte prit cet action pour une insulte.

— Pourquoi, saint homme, dit-il, me traiter ainsi ?

— Ce n'est pas à vous que j'en veux, répondit le
Saint ; c'est à l'être abominable qui pèse sur votre
tête.

En effet il voyait un démon d'une grandeur effroya-
ble assis sur les épaules du comte. Le démon,
chassé par le souffle du saint évêque, se retira, et,
à partir de ce jour, on remarqua qu'Avitianus
était devenu bien plus doux que par le passé.

6

CHAPITRE III.

L'EMPEREUR MAXIME.

L'empereur Valentinien, dont nous avons parlé précédemment, était mort d'un accès de colère en l'année 375. Ses deux fils, Gratien et Valentinien le Jeune, lui succédèrent et portèrent en même temps la couronne impériale ; mais en réalité Gratien, qui était l'aîné, gouverna seul, tant en son nom qu'au nom de son frère encore enfant.

Ce prince tout jeune encore (il n'était âgé que de seize ans à la mort de son père) n'avait pas les sympathies de l'armée. On disait qu'il s'occupait beaucoup plus de la chasse que des affaires de l'Etat ; mais la vraie raison qui le rendait impopulaire, ce fut sa préférence pour le costume militaire des Gaules, qu'il portait plus souvent que l'uniforme des Romains ; ce fut surtout sa conduite trop catholique, que ne pouvaient lui pardonner des hommes encore attachés au paganisme. C'est pourquoi ce plan de conduite excita le mécontentement de l'armée, de sorte que, un peu plus de sept ans après l'avénement de Gratien au trône, une révolution éclata, et Maxime, commandant des troupes de la Grande-Bretagne, fut nommé empereur.

Gratien marcha contre l'usurpateur, et le joignit près de Paris ; mais ses soldats l'abandonnèrent pour passer du côté de son adversaire, et il se vit obligé de s'enfuir avec trois cents cavaliers, qui ne tardèrent pas à le quitter comme les autres. Arrivé à Lyon, il fut invité à un festin par le gouverneur, qu'il avait jadis comblé de faveurs, et fut massacré après le repas. Bien des gens pensèrent alors que Maxime n'avait pas été étranger à ce guet-apens.

Cependant le nouvel empereur consentit, sur la prière de saint Ambroise, à partager l'empire avec le jeune frère de Gratien. Il se réserva les Gaules et fit de Trèves sa résidence habituelle. C'est dans cette ville que saint Martin vint le trouver.

Plusieurs raisons avaient déterminé le saint évêque à cette démarche. Sous ces empereurs à demi-barbares, il y avait toujours quelque grâce à demander en faveur des malheureux qui avaient encouru la colère du prince, quelques bannis à faire rentrer dans leur patrie, des biens confisqués à faire rendre à leurs propriétaires. Les évêques étaient naturellement chargés de cet office d'intermédiaires, et saint Martin, avec la charité que nous lui connaissons, ne pouvait manquer à ce devoir ; mais il le fit toujours avec une dignité qui excita plus d'une fois l'étonnement de la cour : ce n'était pas un solliciteur, demandant humblement une grâce ; c'était le ministre de Dieu, indiquant au prince, d'une manière convenable sans doute, mais ferme et digne, la volonté du Maître commun des empereurs et des autres hommes. Toutefois cette attitude du saint évêque ne déplut pas à Maxime. Il l'invita même à dîner, le priant de lui faire cet honneur, que plusieurs autres évêques ne lui avaient point refusé.

Saint Martin répondit qu'il ne voulait pas s'asseoir à la table d'un homme, coupable d'avoir privé un empereur de ses états, et d'en avoir fait mourir un autre.

Maxime se disculpa, en disant qu'il avait été poussé par la force des événements sur le trône impérial, sans avoir rien fait pour briguer cet honneur ; que d'ailleurs Dieu semblait l'avoir approuvé en ménageant en sa faveur un concours admirable d'heureuses circonstances. Quant à avoir fait mourir l'empereur Gratien, il s'en défendit absolument, et affirma que, s'il avait été cause de la mort de quelques-uns de ses ennemis, ce n'avait jamais été autrement que sur un champ de bataille.

Notre Saint, soit qu'il fût convaincu par ces raisons soit qu'il cédât aux instances réitérées de l'empereur, finit par accepter une invitation qu'il avait plusieurs fois refusée.

CHAPITRE IV.

SAINT MARTIN A LA TABLE DE L'EMPEREUR.

Maxime eut une joie extrême de l'honneur que lui faisait saint Martin. Il invita au festin les personnages les plus importants de sa cour, entre autres son frère et son oncle, tous deux comtes, et Évodius, préfet du prétoire.

Les invités arrivèrent revêtus d'habits magnifiques, conformes à l'étiquette. Saint Martin n'avait pas quitté son pauvre vêtement de moine: il vint accompagné d'un simple prêtre. Tous deux furent mis à une place d'honneur: saint Martin à côté de l'empereur, et le prêtre entre les deux comtes.

Au milieu du repas, un officier devait, selon la coutume, présenter au plus digne une coupe qu'on se passait ensuite de main en main. On présenta naturellement cette coupe à l'empereur; mais celui-ci la refusa et la fit donner à saint Martin, s'attendant à la recevoir de lui. Mais le saint évêque après y avoir porté les lèvres, la présenta au prêtre qui l'accompagnait, comme plus digne que l'empereur lui-même. à cause de son caractère sacerdotal.

L'empereur, loin de se fâcher, admira cette noble indépendance; les courtisans, qui se modèlent ha-

bituellement sur le maître, exaltèrent à l'envi
cette action qui fut bientôt connue au dehors, et
l'on se disait avec admiration : Martin a fait à la
table de l'empereur ce qu'aucun autre évêque n'aurait pas osé faire à la table du moindre juge.

CHAPITRE V.

DINER CHEZ L'IMPÉRATRICE.

De toutes les personnes de la cour, l'impératrice était certainement une de celles qui avaient la plus grande vénération pour la vertu du saint évêque. Jour et nuit elle était occupée à l'écouter, demeurant assise à ses pieds contre terre, sans pouvoir le quitter. Imitant la femme de l'Evangile, plus d'une fois elle les arrosa de ses larmes et les essuya de ses cheveux. Saint Martin, qui n'avait jamais permis à aucune femme de le toucher, ne pouvait échapper aux assiduités de cette reine, qui oubliait tout l'éclat de son rang, pour s'humilier devant le saint pontife. Son ambition était de l'avoir à sa table pour le servir; elle le demanda à son mari, qui s'unit à elle pour obtenir de Martin cette faveur. Celui-ci finit par céder à leurs instantes prières.

L'impératrice fit elle-même tous les apprêts du festin, approcha la table, la petite sellette de bois, donna à laver au Saint, et lui servit les mets qu'elle-même avait fait cuire. Pendant tout le temps du repas, elle resta debout, les yeux modestement baissés comme une humble servante, attentive à prévenir les besoins de son hôte, lui versant à boire et lui présentant la coupe. Lorsque le repas fut terminé, elle ramassa soigneusement les morceaux de pain et les miettes, qu'elle estimait de beaucoup préférables à tous les festins de la table impériale.

Si notre Saint crut devoir en cette circonstance se relâcher un peu de sa sévérité ordinaire, pour satisfaire aux pieux désirs de l'impératrice, c'est qu'il entrevoyait tout le profit qu'il pourrait tirer de cette condescendance, d'ailleurs bien innocente, pour le bien de la religion et des malheureux. L'empereur le faisait venir souvent dans son palais, pour s'entretenir avec lui, et ces entretiens ne roulaient que sur la manière dont il faut passer la vie présente, sur ce que nous avons à craindre ou à espérer dans l'autre, sur la gloire des fidèles et le bonheur éternel des saints. Dans ces épanchements de l'intimité chrétienne, il ne craignait pas de prédire au nouvel empereur que, s'il passait en Italie pour faire la guerre à Valentinien, comme déjà il en avait la pensée, il remporterait d'abord la victoire, mais qu'il périrait peu après.

CHAPITRE VI.

LES PRISCILLIANISTES.

Saint Martin fit plusieurs voyages à la cour de Trèves. Une des affaires qui l'y occupa fut l'hérésie des Priscillianistes.

Ces hérétiques, impur rejeton des Manichéens, s'étaient d'abord développés en Espagne, grâce au talent du plus célèbre d'entre eux, Priscillien, qui leur donna son nom.

C'était un homme de naissance illustre, très instruit, éloquent, ayant un extérieur imposant et austère.

Les Priscillianistes enseignaient, entre autres erreurs, que les âmes étaient de même nature que Dieu ; qu'elles descendent sur la terre pour y combattre l'esprit du mal lequel les sème dans les corps. Ils niaient, ou à peu près, le mystère de la sainte Trinité, abolissaient le mariage, et se livraient dans leurs réunions secrètes à des infamies que nous n'osons pas mentionner ici.

L'évêque Ithace était l'ennemi le plus acharné des Priscillianistes. Il contribua pour beaucoup à la réunion du concile de Saragosse, où ces hérétiques furent condamnés. Malheureusement il ne s'en tint pas là. Oubliant la mansuétude évangélique dont un chrétien ne doit jamais se départir, il avait obtenu de l'empereur Gratien un édit qui ordonnait de chasser les Priscillianistes, de tout le pays. Plus tard, sous Maxime, comme ces hérétiques avaient échappé par leurs intrigues au châtiment qui les menaçait et faisaient de nouveaux adeptes surtout dans les Gaules, Ithace les poursuivit avec un acharnement, qui sentait trop la haine pour n'être pas répréhensible. Priscillien en ayant appelé à l'empereur pour éviter d'être condamné encore une fois par les évêques, Ithace se présenta comme accusateur, et suivit les hérétiques accusés, à la cour de Trèves, où il rencontra le doux évêque de Tours.

Du reste, cet homme si acharné contre les hérétiques était loin d'être lui-même exempt de défauts. Il était, selon le portrait qu'a fait de lui Sulpice-Sévère, hardi jusqu'à l'impudence, grand parleur, dépensier, adonné à la bonne chère, et il traitait de Priscillianistes tous ceux qu'il voyait jeûner et s'appliquer à la lecture.

Un tel homme n'était pas fait pour s'entendre avec notre bienheureux évêque, qui ne cessait de l'exhorter à plus de mansuétude et à se désister de son accusation. Comme le haineux Ithace n'en voulait rien faire, saint Martin s'adressa à l'empereur. Il le pria d'épargner le sang des coupables, lui disant qu'il suffisait qu'ils fussent déclarés hérétiques par le jugement des évêques et chassés des églises, que d'ailleurs il était sans exemple qu'une cause ecclésiastique eût été soumise à un juge séculier.

Or l'empereur, ayant beaucoup plus d'estime pour saint Martin que pour le fougueux Ithace, était assez disposé à suivre les avis de notre saint évêque.

Ithace s'en vengea en accusant saint Martin de n'être qu'un Priscillianiste.

Mais la réputation du pieux évêque de Tours était trop bien établie pour souffrir la moindre atteinte d'une semblable accusation; et, lorsqu'il quitta Trèves, il avait réussi à arrêter les poursuites contre les Priscillianistes et obtenu de l'empereur la promesse qu'on ne répandrait pas leur sang.

CHAPITRE VII.

LES ITHACIENS.

L'empereur ne tint pas la promesse faite à saint Martin. Lorsque ce dernier fut parti, Ithace ayant recommencé ses attaques avec un nouvel acharnement, les hérétiques furent condamnés par l'autorité civile; Priscillien et plusieurs de ses partisans, convaincus d'hérésie et de crimes contre la morale, furent mis à mort.

Ithace n'avait pas cessé un instant de pousser à la sévérité contre les hérétiques. Il s'était oublié jusqu'à assister aux tortures qu'on faisait subir à ces malheureux; et, quoiqu'il se fût retiré au moment de la condamnation définitive, il n'en passa pas moins aux yeux de tous pour l'auteur principal de la perte des Priscillianistes. Ces derniers avaient mérité leur sort; car les crimes qu'on leur reprochait, des meurtres d'enfants par exemple, étaient dignes du dernier supplice : toutefois ce n'était pas à un évêque qu'il appartenait d'insister comme le faisait Ithace, pour qu'on sévît contre eux avec tant de rigueur. En agissant ainsi, il avait gravement méconnu l'esprit de mansuétude dont l'Eglise a toujours été animée, même lorsqu'elle s'est vue obligée

de punir. Malgré cela, comme Ithace avait la faveur
de l'empereur, la plupart des évêques, qui se trouvaient à la cour en assez grand nombre pour différentes affaires, n'osèrent pas rompre avec lui ; et en
continuant à l'admettre dans leur communion, ils
parurent approuver sa conduite :

Enhardis par leurs premiers succès, Ithace et ses
partisans continuèrent à exciter l'empereur contre
les hérétiques, et bientôt parut un édit d'après lequel des tribuns munis d'un pouvoir absolu devaient être envoyés dans les Espagnes, pour recher-
cher les hérétiques, ôter la vie à tous ceux qu'ils
pourrait découvrir et confisquer leurs biens.

Comme, selon la méthode d'Ithace, la pâleur du
visage et la rudesse du vêtement étaient des signes
suffisants d'hérésie, il était à craindre que les soldats ne missent à mort comme Priscillianistes des
personnes n'ayant d'autres fautes à se reprocher que
leurs vertus.

Les Ithaciens triomphaient. Mais voici que le
lendemain du jour où avait paru cet édit cruel,
le bruit se répand que saint Martin vient à Trèves.

Le saint évêque venait en effet demander à l'empereur la grâce de certains adversaires politiques,
qui avaient été bannis et dont les biens avaient été
confisqués.

Les Ithaciens comprirent bien vite tout ce que ce
retour avait de menaçant pour leur cause. Outre que
saint Martin pouvait engager l'empereur à changer
de résolution, s'il blâmait leur conduite en refusant

de communiquer avec eux, d'autres évêques éclairés
et enhardis par cet exemple ne manqueraient pas
de l'imiter, ce qui pouvait amener la convocation
d'un concile et leur condamnation. Après s'être con-
certés entre eux, ils allèrent trouver l'empereur ; et
celui-ci, entrant dans leurs vues, envoya au devant
de l'évêque de Tours des officiers chargés de lui dire
que s'il ne venait pas avec la paix des Ithaciens,
on lui défendait de mettre les pieds dans la ville.

— Je viens avec la paix du Christ, répondit l'in-
trépide évêque ; et nonobstant la défense qui lui était
faite, il entra le soir dans la ville impériale. En arrivant il alla prier à l'église, suivant sa coutume, et
le lendemain il se rendit à la cour.

CHAPITRE VIII.

SAINT MARTIN COMMUNIQUE AVEC LES ITHACIENS.

Comme nous l'avons dit, les faveurs que le saint évêque avait à demander à l'empereur concernaient surtout des bannis qui avaient encouru la colère de Maxime, à cause de leur attachement à l'empereur précédent. La justice ne s'opposait nullement à leur rentrée dans l'empire ; mais leurs biens avaient été confisqués au profit du trésor impérial, et Maxime n'était probablement pas fâché de les conserver. Aussi n'accorda-t-il pas immédiatement à saint Martin l'objet de sa demande. Peut-être d'ailleurs n'avait-il d'autre intention que de le tenir en suspens, pour le rendre plus souple à l'égard des Ithaciens.

Saint Martin en effet, depuis son entrée à Trèves, avait refusé constamment de communiquer avec Ithace et ses adhérents. Ceux-ci étaient furieux de ce blâme indirect. Ils allèrent trouver l'empereur et lui dirent que Martin allait les déconsidérer aux yeux de tous et encourager par sa conduite le seul évêque qui jusque-là eût refusé de communiquer avec eux ; que tout ce qu'on avait fait contre les Priscillianistes ne servirait de rien, si on laissait à cet homme la liberté de défendre leur cause, et de les venger en quelque sorte de leurs adversaires ; qu'on n'aurait pas dû le laisser entrer dans la ville et qu'il fallait l'en faire sortir aussitôt.

Maxime était bien un peu de leur avis ; mai il lui répugnait de sévir ouvertement contre Martin. Peut-être d'ailleurs ne croyait-il pas prudent d'entrer en lutte avec un homme qui jouissait aux yeux de tous d'une réputation de sainteté aussi bien établie. Il résolut donc de chercher d'abord à le gagner par la douceur, si la chose était possible.

En conséquence, aussitôt que les Ithaciens furent sortis, il fit appeler le saint évêque en particulier. Il chercha à lui persuader que son refus de communiquer avec Ithace et les autres évêques, n'avait aucune raison. Les Priscillianistes avaient été condamnés par le pouvoir séculier, et non par Ithace. D'ailleurs, un seul évêque jusqu'ici avait rompu avec ce dernier, et encore ne l'avait-il fait que par un sentiment de haine personnelle. De plus un synode avait approuvé la conduite de ces hommes qu'il voulait retrancher de sa communion.

Tous ces raisonnements ne fairent aucune impression sur notre Saint. La conduite d'Ithace lui paraissait blâmable, il persista dans son refus de communiquer avec lui et avec ses adhérents.

Alors l'empereur, passant de la bienveillance à la colère, sortit brusquement et envoya immédiatement des bourreaux chargés de mettre à mort les bannis pour lesquels saint Martin avait intercédé.

Cette fois il avait trouvé le côté faible de notre Bienheureux. Martin inébranlable lorsqu'il n'était question que de lui, n'avait plus la même fermeté lorsqu'il s'agissait du bonheur ou de la vie de ses semblables. Il était nuit lorsqu'il apprit la terrible nouvelle : il courut immédiatement au palais.

— Qu'on fasse grâce aux proscrits, dit-il à l'empereur, et je promets de communiquer avec Ithace pourvu qu'on rappelle aussi les tribuns.

Déjà en effet les tribuns envoyés contre les hérétiques d'Espagne étaient partis.

Maxime accorda tout ce que saint Martin lui demandait.

Le lendemain eut lieu le sacre d'un nouvel évêque. Les Ithaciens se trouvèrent réunis pour cette solennité ; et saint Martin, accomplissant la promesse faite la veille à l'empereur, s'y trouva avec eux.

Mais, à peine la cérémonie était-elle terminée que le saint évêque éprouva ce sentiment d'indéfinissable tristesse qui affecte les âmes timorées, lorsqu'elles craignent d'avoir en quelque chose déplu à leur Souverain Maître. Sans doute il avait eu de puissants motifs pour agir comme il l'avait fait. Néanmoins n'eut-il pas mieux fait encore de s'en tenir à la règle qu'il s'était posée d'abord et de laisser à Dieu le soin des infortunes menacées par la colère impériale ? N'avait-il pas eu tort de s'exposer, en venant à la cour, à la fâcheuse alternative dans laquelle il s'était trouvé de paraître approuver des coupables ou de laisser périr des innocents ?

7

Telle était la perplexité dans laquelle se trouvait notre Bienheureux. Il en devint tout triste, et il se hâta de quitter une ville où il ne sentait plus sa conscience en sûreté.

En s'éloignant de ce séjour funeste, il ne cessait de soupirer et gardait un morne silence. Arrivé à trois lieues de Trèves, il laissa ses compagnons prendre les devants, et s'assit seul dans un endroit solitaire, pour se livrer à toute l'amertume de ses pensées.

En ce moment un ange lui apparut, et lui dit :

— Vous avez raison de vous affliger, Martin ; mais vous ne pouviez vous tirer de là autrement. Reprenez courage de peur de mettre en péril, non plus votre gloire seulement, mais votre salut.

Ces paroles rendirent confiance au saint évêque elles le firent sortir de l'abattement dans lequel il se trouvait, et qui aurait pu lui devenir funeste. Néanmoins, comme autre fois S. Pierre, il regretta toute sa vie sa conduite en cette malheureuse circonstance ; et il disait que, depuis lors, les miracles lui étaient devenus plus difficiles. Aussi évita-t-il avec le plus grand soin de communiquer encore avec les Ithaciens, au point de s'abstenir d'assister aux conciles pour ne pas avoir occasion de les rencontrer.

Les paroles de l'ange et cet affaiblissement de la puissance miraculeuse du saint thaumaturge ne permettent guère de douter qu'il y ait eu de sa part quelque faute, dans sa condescendance pour les Ithaciens, quoique nous ne voyons par au juste en quoi elle consiste. Mais quelle vie que celle où il ne se trouve pas de plus grande faute que celle-là !

CHAPITRE IX.

MORT DE MAXIME ET D'ITHACE.

Malgré les égards qu'il avait eus pour saint Martin, Maxime ne parait pas avoir été bien solidement chrétien. Son ambition le poussait à s'emparer des états laissés d'abord à Valentinien, et nous avons vu que saint Martin lui avait prédit des revers et la mort s'il donnait suite à cette idée. Malheureusement pour lui, il ne sut pas y renoncer. Il passa les Alpes à la tête d'une armée considérable, au moment où Valentinien, se fiant à la parole donnée, n'était nullement sur ses gardes. Ce jeune prince fut obligé de s'enfuir devant le vainqueur. Mais l'année suivante il reprit les hostilités avec le secours de Théodose, empereur de Constantinople. Maxime fut battu et se réfugia dans Aquilée, où les vainqueurs le surprirent bientôt et le mirent à mort.

Ainsi s'accomplit à la lettre la prédiction de saint Martin.

Ithace ne fut guère plus heureux. Après la défaite de Maxime, le pape saint Sirice condamna expressément sa conduite dans la poursuite des Priscillianistes, et régla les conditions d'après lesquelles les Priscillianistes et les Ithaciens devaient être reçus dans la communion de l'Eglise. Quant à Ithace, non seulement il fut déposé de l'épiscopat et excommunié, mais envoyé en exil, où il mourut deux ans après.

VIE

DE SAINT MARTIN

LIVRE CINQUIÈME

DERNIERS JOURS ET FUNÉRAILLES DE ST. MARTIN.

CHAPITRE PREMIER.

VIE INTÉRIEURE DE SAINT MARTIN.

Après son dernier voyage de Trèves, saint Martin
ne voulant plus assister à aucun concile, de peur
d'avoir occasion de communiquer avec les Ithaciens,
paraît s'être renfermé presque exclusivement dans
son diocèse. Il s'occupait à faire fleurir la piété
dans toutes les paroisses et se préparait lui-même
à paraître devant Dieu.

Du reste, la vie entière de ce grand saint avait
été une préparation à la mort. Jusqu'ici nous n'a-
vons parlé que des actes extérieurs de cette existence admirable, parce que c'est ce qui frappe le

plus; mais dans la vie des saints il y a une partie plus précieuse devant Dieu, c'est celle que le monde ignore, parce qu'elle n'a la plupart du temps d'autre témoin que le ciel. Heureusement l'historien de notre saint évêque ayant vécu dans son intimité, nous a laissé quelques traits de cette vie intérieure, si simple et si admirable. Écoutons-le nous dire lui-même ses impressions lors de sa première entrevue avec saint Martin.

« On ne saurait croire, dit Sulpice-Sévère, avec quelle humilité il me reçut. Il me remerciait et se montrait tout joyeux de ce que j'avais daigné entreprendre un voyage pour venir le voir. Misérable que je suis! c'est à peine si j'ose avouer ma conduite, lorsqu'il me fit l'honneur de m'admettre à sa table. Il me présenta l'eau pour mes mains, et le soir il me lava lui-même les pieds. L'ascendant qu'il exerçait sur moi était si grand que je n'eus pas le courage de lui résister; j'aurais regardé comme une faute de ne pas le laisser faire. Il ne me parla que des vanités de ce monde et m'engagea à quitter le fardeau du siècle pour suivre avec plus de liberté le Seigneur Jésus. Il me citait à ce sujet l'exemple tout récent de l'illustre Paulin. « Voyez Paulin, me disait-il; il vient de jeter à la mer le fardeau de ses richesses pour alléger sa barque et naviguer plus librement vers le Seigneur. Voilà notre modèle.» Ainsi me portait-il à l'imiter.......

(1) Les paroles de saint Martin que rapporte Sulpice-Sévère, sont plus vives et plus imagées « Voyez Paulin (disait le saint

« Quelle gravité dans ses conversations ! Comme ses paroles étaient vives et pénétrantes! Il expliquait les saintes Ecritures avec un à-propos, une facilité admirable. On ne me croira peut-être pas, car j'ai souvent entendu des ignorants mettre en doute les talents du bienheureux évêque, mais j'en atteste le Sauveur Jésus et notre commune espérance, que jamais je n'ai entendu personne parler avec autant de science et d'esprit, ni dans un si beau langage. Sans doute cet éloge est peu de chose à côté des autres qualités de saint Martin ; mais pourtant n'est-ce pas une chose admirable que, sans avoir étudié, il ait joint celle-ci à toutes les autres ? »

« Enfin, continue le même historien, il faut terminer ce livre : non pas que j'aie rapporté tout ce qu'il y avait à dire de Martin ; mais, semblable aux poëtes paresseux qui faiblissent à la fin de leur œuvre, je succombe à l'abondance des matières. Car, si l'on peut à la rigueur raconter ses actions extérieures, il est vraiment impossible de dire ce que fut cette vie intérieure tout entière occupée de Dieu. Comment en effet donner une idée de ces abstinences, de ces jeûnes continuels, de ces oraisons que la nuit ne pouvait interrompre ? Pas une minute de cette vie qui ne fût consacrée à l'oraison : ni le repos, ni les affaires, ni le repas, ni le sommeil

évêque); il vient de jeter à la mer le fardeau de ses richesses, pour alléger sa barque et naviguer plus librement vers le Seigneur. Voilà notre modèle. Ainsi me parlait-il. etc.

ne pouvaient l'en distraire. Encore une fois, comment raconter tout cela ? Homère lui-même, s'il revenait des enfers, comme on dit, devrait y renoncer : tant les œuvres de Martin étaient au-dessus de tout ce qu'on peut en dire.

« Il ne passait pas une heure, pas une minute sans s'occuper à la lecture ou à la prière ; ou, pour mieux dire, la lecture elle-même, ou quelque autre occupation que ce fût, ne le détournait pas de la prière. Comme les forgerons qui, tout en travaillant frappent sur leur enclume par manière de délassement, Martin, lors même qu'il semblait faire autre chose, priait toujours.

« O homme vraiment heureux ! exempt de tout artifice, ne jugeant personne, ne condamnant personne, ne rendant jamais le mal pour le mal. Sa patience était si grande que, malgré sa dignité épiscopale, un simple clerc pouvait l'offenser, sans avoir à craindre le moindre châtiment, ni même la moindre diminution dans son affection. Jamais on ne le vit se fâcher, ni rire, ni s'attrister ; mais il était toujours d'humeur égale, toujours rayonnant d'une sorte de joie céleste, comme s'il n'eût pas été de ce monde. Sa bouche ne s'ouvrait que pour parler du Christ ; son cœur ne battait que pour la piété, la paix, la miséricorde. Souvent il pleurait les péchés de ses détracteurs, qui poursuivaient de leur langue de vipère cet homme, si incapable de vouloir du mal à qui que ce soit. »

CHAPITRE II.

MORT DE SAINT MARTIN.

Depuis longtemps saint Martin connaissait le moment de sa mort. Quelque temps auparavant, il avertit ses disciples qu'il ne tarderait pas à sortir de ce monde.

Sur ces entrefaites, une affaire l'appela dans la diocèse de Candes. La discorde s'était mise dans le clergé de cette Eglise ; et, quoiqu'il sût que sa fin était prochaine, saint Martin désirait trop rétablir la paix dans le clergé de Candes pour hésiter à faire ce voyage. Croyant qu'il ne pouvait mieux terminer son existence qu'en rendant la paix à l'Eglise, il partit en compagnie d'un assez grand nombre de ses disciples.

Dans le cours du voyage, on arriva auprès d'un fleuve où des plongeons guettaient des poissons et les dévoraient avec une avidité insatiable.

— Voilà, dit le saint évêque, l'image du démon : il tend des embûches à ceux qui ne se tiennent pas sur leurs gardes, les saisit au moment où ils n'y songent pas, et les dévorent sans jamais être rassasié.

Puis, d'une voix à laquelle rien ne résiste, il ordonne aux plongeons de laisser le fleuve aux poissons et de se retirer dans des régions arides et désertes.

À l'instant même ces animaux, non moins doci-
les que les démons à la voix du saint évêque, se
réunissant en un seul groupe, et, quittant le fleuve,
gagnent les forêts et les montagnes.

Quelle puissance ! se disaient les témoins de ce
prodige ; il commande même aux oiseaux !

Martin réussit à rétablir la paix dans le clergé de
Candes ; et, après être resté quelques jours dans
cette ville, il songeait à rentrer à Tours, lorsque
ses forces l'abandonnèrent tout-à-coup. Il convoqua
ses disciples et les avertit qu'il allait mourir.

Ce fut une immense douleur pour eux tous.
« Pourquoi, s'écrient-ils en sanglottant, pourquoi,
Père, nous abandonnez-vous ? A qui laissez-vous
vos malheureux enfants? Des loups ravissants atta-
quent votre troupeau : qui nous garantira de leurs
morsures, lorsque vous ne serez plus là ? Nous
savons quel est votre désir de posséder le Christ ;
mais votre récompense est assurée : vous ne perdrez
rien pour attendre un peu. Ayez donc pitié de notre
détresse. »

Le saint homme fut touché de ces larmes : lui-
même ne put retenir les siennes. Alors, s'adressant
à Dieu, il se contenta de dire pour toute réponse :

« Seigneur, si je suis encore nécessaire à votre
peuple, je ne refuse pas le travail. Que votre volonté
soit faite. »

Nous ne pouvons nous empêcher d'admirer ici,
avec notre pieux auteur, le parfait détachement
dont cette simple prière est la preuve. Placé entre

l'espérance du ciel et l'amour de ses semblables, le saint évêque ne savait ce qu'il préférait. Il ne voulait pas abandonner ses enfants; et, d'un autre côté, il ne voulait pas être plus longtemps séparé de Jésus-Christ. C'est pourquoi il s'abstient de formuler aucun vœu; il s'en remet complètement au bon plaisir de Dieu auquel il semble dire : Il est vrai, Seigneur, c'est un combat pénible que celui de la terre, et déjà j'en ai assez; mais, si vous me commandez de combattre encore quelque temps pour votre cause, je ne m'y refuse pas, et je me garderai bien de prétexter mon âge avancé. Je vous servirai avec dévouement; je combattrai sous vos étendards aussi longtemps que vous l'ordonnerez. Je suis vieux, il est vrai, et le repos serait pour moi une chose désirable; mais je me sens assez de courage pour surmonter la faiblesse des années. Si pourtant vous avez pitié de ma vieillesse, ce sera un bonheur pour moi. Quant à ces hommes, objet de ma sollicitude, je les mets, Seigneur, sous votre protection. » O homme admirable; que ni le travail ni la mort ne peut vaincre! Indifférent à tout ce que Dieu peut ordonner de lui, il ne craint pas de mourir, et il ne refuse pas de vivre.

La fièvre dura quelques jours, pendant lesquels le pieux malade, couché sur la cendre, recouvert d'un cilice, ne cessa pas de prier un seul instant. Ses disciples lui demandaient de laisser mettre sous lui quelque pauvre étoffe.

— Non, mes enfants, disait-il; un chrétien ne

doit mourir que sur la cendre. Ce serait mal à moi de vous donner un autre exemple.

Toujours occupé de Dieu, ses regards et ses mains étaient sans cesse élevés vers le ciel. Des prêtres qui étaient venus le voir l'engageaient à se mettre un peu sur le côté, pour donner quelque soulagement à ses membres fatigués.

— Laissez-moi, mes frères, leur dit-il, laissez-moi regarder le ciel plutôt que la terre, et mettre mon âme dans le chemin qu'elle doit suivre pour aller trouver le Seigneur.

En ce moment, il vit le démon à côté de lui.

— Que viens-tu faire ici, bête cruelle, lui dit-il ; va, méchant, tu ne trouveras rien en moi, Abraham va me recevoir dans son sein.

En disant ces mots il rendit à Dieu sa belle âme, et un concert céleste, entendu de la terre, célébra son entrée dans la patrie des bienheureux. C'était un dimanche, vers minuit. Le Saint était âgé de quatre-vingt-un ans.

Ceux qui assistaient à cette glorieuse mort ont affirmé que les restes mortels de ce grand saint semblaient déjà jouir de la gloire des corps ressuscités. Son visage brillait d'une lumière toute céleste, et tous ses membres avaient la blancheur et la grâce du corps d'un petit enfant. « Croirait-on, se disaient-ils, qu'il ait été revêtu d'un cilice et couvert de cendre ? »

CHAPITRE III.

CONTESTATION ENTRE LES HABITANTS DE TOURS ET CEUX DE POITIERS.

Lorsqu'on eut appris à Tours et à Poitiers la maladie de notre Bienheureux, des habitants de ces deux villes étaient accourus à Candes pour assister à ses derniers moments. Après qu'il eut rendu le dernier soupir, une grave contestation s'éleva entre les deux peuples qui réclamaient également le saint corps.

— C'est notre moine, disaient les Poitevins, car c'est chez nous qu'il a été abbé. Nous n'avons fait que vous le prêter, et nous le réclamons. Durant sa vie, vous avez joui de ses entretiens et participé à sa table; vous avez été fortifiés par ses bénédictions et réjouis par ses miracles. Contentez-vous de cela; et maintenant qu'il est sans vie, permettez-nous de l'emporter.

A ces raisons ceux de Tours répondaient:

— Si vous prétendez qu'on doit se contenter des miracles que le Saint a opérés pendant sa vie, n'oubliez pas que c'est chez vous qu'il en a fait le plus. Ainsi, pour ne pas parler des autres, il a ressuscité deux de vos morts et un seul des nôtres. Lui-même disait que sa puissance avait été plus grande avant son épiscopat. Il faut donc qu'il supplée après sa mort à ce qu'il n'a pas accompli de son vivant. C'est Dieu qui vous l'a enlevé pour nous le donner. D'ailleurs, si nous consultons l'usage, il doit être enseveli dans l'église où il a été ordonné. Si vous vous appuyez sur ce qu'il a fondé un monastère auprès de votre ville, ce ne serait donc pas à Poitiers, mais à Milan qu'il faudrait le transporter; car c'est à Milan qu'il a fondé le premier.

Cette discussion s'étant prolongée jusqu'à la nuit sans qu'il fût possible de s'entendre, le saint corps fut laissé où il était, sous la garde des habitants des deux villes. Ceux de Poitiers avaient l'intention de l'enlever par force le lendemain matin ; mais Dieu ne permit pas que la ville de Tours fût privée de ce trésor. Vers le milieu de la nuit un sommeil providentiel s'empara des Poitevins, de sorte que, de toute la multitude qu'ils étaient, pas un seul ne resta éveillé. Les fidèles de Tours, profitant de l'occasion, passèrent le corps par la fenêtre, et le transportèrent par eau jusque dans leur ville.

Les Poitevins, en s'éveillant s'aperçurent du pieux larcin. Il était trop tard : ils durent reprendre, assez confus, le chemin de leur pays.

CHAPITRE IV.

FUNÉRAILLES.

Toute la ville de Tours alla au devant de la précieuse relique ; et bientôt on vit affluer de tous côtés
une multitude innombrable. Tous les habitants de
la campagne et des bourgs environnants étaient accourus pour assister aux funérailles du saint évêque.
Il en vint aussi un grand nombre des villes voisines.

« Quel deuil! s'écrie ici le pieux narrateur; quels
gémissements ! surtout de la part des moines, qui
se trouvèrent réunis ce jour-là à près de deux mille:
gloire spéciale de saint Martin, qui avait gagné à
Dieu par ses exemples une si nombreuse famille de
pieux serviteurs. Le pasteur défunt conduisait devant lui ses nombreuses ouailles : c'étaient des vieil_
lards vénérables revêtus de leurs longs manteaux,
des hommes tout jeunes encore, mais déjà voués au
Christ ; c'étaient des vierges qui n'osaient pleurer
celui qu'elles sentaient déjà au sein du bonheur
éternel. Toute cette foule, en effet, était partagée
entre la joie et la douleur. On pleurait de regret
d'avoir perdu un si saint homme : on se réjouissait
du bonheur qui lui était reservé. »

C'est ainsi, au milieu d'un véritable triomphe,
aux chants des hymnes sacrés que le saint corps fut
conduit au lieu de sa sépulture.

CHAPITRE V

LA MORT DE SAINT MARTIN EST RÉVÉLÉE A PLUSIEURS SAINTS PERSONNAGES.

Lorsqu'il arrive aux princes de la terre quelque événement heureux, ils s'empressent de le porter à la connaissance de leurs sujets pour qu'ils prennent part à leur joie. La mort des saints est un heureux événement pour les habitants du ciel. Ils se réjouissent de voir une âme de plus entrer dans leurs rangs, et il semble qu'eux aussi sont pressés d'annoncer cette bonne nouvelle aux saints de la terre. C'est pourquoi nous voyons que bien souvent la mort des saints a été révélée miraculeusement à d'autres saints encore de ce monde. C'est ce qui arriva en particulier pour saint Martin.

A Cologne le bienheureux évêque de cette ville, saint Sévère, parcourait, après matines, quelques lieux saints de son Eglise, en compagnie de ses clercs, ainsi qu'il avait coutume de le faire. C'était à l'heure où mourait notre Bienheureux. Tout-à-coup il entendit une sorte de concert aérien. Il appela son archidiacre.

— Ecoutez bien, lui dit-il, n'entendez-vous pas quelque chose?

— Non, répondit l'archidiacre.

— Écoutez plus attentivement, ajouta l'évêque.

L'archidiacre prêta l'oreille du mieux qu'il put, se leva même sur la pointe des pieds en s'appuyant sur son bâton; mais il n'entendit pas davantage. Sans doute il ne le méritait pas au même degré que son saint évêque. Alors tous les deux se prosternèrent contre terre, et supplièrent la bonté divine de permettre que l'archidiacre entendît aussi. Lorsqu'ils se furent relevés :

— Qu'entendez-vous? demanda le saint vieillard.

— J'entends, répondit l'archidiacre, des chants qui semblent venir du ciel; mais j'ignore ce que c'est.

— Je vais vous le dire. Monseigneur l'évêque Martin est sorti de ce monde, et les anges le portent en chantant dans les cieux. Pour interrompre ces cantiques et nous empêcher de les entendre, le démon avec ses mauvais anges a essayé de le retenir, mais ne trouvant rien dans le Bienheureux qui lui appartînt, il a dû se retirer tout confus. Hélas! qu'en sera-t-il de nous, pécheurs, si un si grand prêtre a été en butte aux attaques du mauvais esprit!

Cependant l'archidiacre avait noté l'heure à laquelle s'était fait entendre la mélodie céleste. Les informations qu'il se hâta de faire prendre à Tours lui apprirent que c'était effectivement l'heure exacte de la mort de saint Martin.

En Italie, à Milan, le bienheureux saint Ambroise officiait dans sa cathédrale. Après la lecture de

8

l'Ancien Testament, le lecteur attendait selon l'usage que l'évêque lui commandât de lire les épîtres de saint Paul : mais on s'aperçut que le saint évêque s'était endormi, la tête appuyée sur l'autel. On n'osa pas d'abord l'éveiller. Enfin, après une attente de deux ou trois heures, quelques membres du clergé le poussèrent doucement : « Que Monseigneur dirent-ils, ordonne de faire la lecture ; car l'heure est passée et le peuple se lasse d'attendre. »

— Ne vous troublez pas, répondit le bienheureux Ambroise, ce sommeil m'a été très-profitable, car il a plu au Seigneur de me montrer un grand prodige : Mon frère, l'évêque Martin est sorti de ce monde, et je viens de présider à ses funérailles. Tout était terminé, sauf le capitule que je n'ai pu achever, lorsque vous m'avez éveillé.

On prit des informations et il se trouva en effet que saint Martin était mort le jour où saint Ambroise avait dit assister à ses funérailles.

CHAPITRE VI.

COMMENT SULPICE-SÉVÈRE FUT INFORMÉ DE LA MORT DE SAINT MARTIN.

Nous transcrivons ici la lettre de Sulpice-Sévère au diacre Aurélius d'après la traduction qu'en a donnée M. l'abbé Dupuy dans sa *Vie de saint Martin.*

SULPICE-SÉVÈRE AU DIACRE AURÉLIUS, SALUT.

Ce matin, après que tu m'eus quitté, je me trouvais seul dans ma cellule, où bientôt se présentèrent à mon esprit les pensées qui font mon occupation habituelle, à savoir l'expérience des biens futurs, le mépris des biens présents, l'appréhension du Jugement, la crainte des peines de l'autre vie. Conséquence, et à la fois source de toutes ces réflexions, le souvenir de mes péchés ne tarda pas à me jeter dans la tristesse et l'accablement. Comme je reposais sur mon lit mes membres fatigués par l'angoisse de mon cœur, le sommeil, qui naît souvent d'une grande douleur, vint insensiblement m'y surprendre ; c'était ce sommeil du matin, qui, toujours vague et léger, ne verse dans nos sens qu'une somnolence flottante et douteuse, en sorte que, chose qui n'a pas lieu dans un autre sommeil, on est presque éveillé et l'on se sent dormir.

Tout-à-coup, il me semble voir le saint évêque
Martin, vêtu d'une robe blanche, le visage tout
radieux, les yeux brillants comme des étoiles, la
chevelure ceinte de lumière. Il avait conservé cet
extérieur et ces traits de la figure, sous lesquels je
l'avais connu, si bien que, ce qu'il est difficile pour
nous d'exprimer, on ne pouvait l'envisager et néanmoins on pouvait le reconnaître. Il me souriait
doucement et me montrait dans sa main droite le
petit livre que j'ai écrit sur sa vie ; moi, embrassant
ses genoux sacrés, je lui demandais, selon ma coutume, sa bénédiction, et je sentais le tendre attou-
chement de sa main posée sur ma tête, tandis que,
dans la formule de bénédiction, il répétait à plusieurs reprises ce nom de la croix, si familier dans
sa bouche.

Après cela, comme, les yeux fixés sur lui, je ne
pouvais me rassasier de ses traits et de sa présence,
il m'échappe soudain, s'élève dans les airs, et,
porté sur une nuée rapide, franchit l'immensité de
l'espace. Je le suivais encore de toute la puissance
de mes regards, quand, le ciel s'étant ouvert pour
le recevoir, il y entra et disparut entièrement. Un
moment après je vis le saint prêtre Clarus, son disciple, décédé depuis quelque temps, monter par le
même chemin que son maître. Dans mon audace je
voulais le suivre ; mais, au milieu de mes efforts
pour m'élever vers lui, je m'éveillai.

Revenu de mon assoupissement, je me félicitais
de cette vision, lorsque le valet qui me sert entra

dans ma cellule, le visage plus triste qu'à l'ordinaire,
parlant et sanglottant à la fois. — Qu'as-tu donc à
m'apprendre? lui dis-je ; qui te cause tant de chagrin ? — Deux moines, répondit-il, arrivent de
Tours : ils annoncent que le seigneur Martin est
mort.

Je fus accablé, je l'avoue : mes yeux se mouillè-
rent et je fondis en larmes. Tandis même que nous
t'écrivons, mon frère, nos pleurs ne cessent de cou-
ler, et ma douleur impatiente refuse tout soulagement. J'ai voulu, dès que j'ai appris cette nouvelle,
te faire partager mon affliction, à toi qui partageais
mon amour. Viens donc sur-le-champ me trouver,
et pleurons ensemble celui qu'ensemble nous ai-
mons. Ce grand homme, je le sais, n'a pas besoin
d'être pleuré ; car, triomphant du siècle qu'il a
vaincu, il reçoit maintenant enfin la couronne de
justice. Mais, je ne puis assez me commander à
moi-même d'être sans chagrin. J'ai, en sa personne,
envoyé devant moi un protecteur ; mais j'ai perdu
la consolation de ma vie en ce monde.

« Si ma douleur était susceptible de raison, je de-
vrais au contaire me réjouir ; car ce saint pontife est
associé aux apôtres et aux prophètes ; et, soit dit sans
offenser aucun des saints, dans cette foule de justes,
il n'est inférieur à personne. Si même je consulte
l'espoir, la croyance, la conviction de mon cœur,
je le vois de préférence réuni à ceux qui ont lavé
leur robe dans le sang, et avec lesquels il accompagne, pur de toute tache, le Christ, son chef. Bien

que le temps où il a vécu n'ait pu lui procurer
l'occasion du martyre, il ne sera pas néanmoins privé
de la gloire des Martyrs, puisque, par ses vœux et
ses vertus, il a pu, il a voulu être martyr.... Toutes
ces peines, tous ces supplices qui ont tant de fois
triomphé de la faiblesse humaine, n'eussent pu l'empêcher de confesser le nom du Seigneur.

« Il n'a pas enduré ces souffrances: mais, sans répandre son sang, il a cependant accompli son martyre. Car, de quelles douleurs humaines n'a-t-il pas
goûté l'amertume pour l'espérance de l'éternité ?
Faim, veilles, nudité, jeûnes, outrages des envieux,
persécutions des méchants, sollicitude pour les malades, inquiétude pour ceux qui sont en péril, il a
tout éprouvé. Qui a souffert sans qu'il souffrît aussi ?
Qui fut scandalisé sans qu'il brûlât de zèle ? Qui
s'est perdu sans qu'il ait gémi? Je ne parle pas de
ses combats journaliers contre la malice des hommes et des esprits. Il est assailli de mille tentations,
et toujours on remarque invariablement en lui la
force pour vaincre, la patience pour attendre, l'é-
galité d'âme pour supporter. O homme vraiment
inestimable pour sa piété, sa miséricorde et cette
charité qui, dans un siècle froid comme le nôtre,
va chaque jour se refroidissant, même chez les
hommes les plus saints, et qui, chez lui, ne cessa
pas de croître et de persévérer jusqu'à la fin.

. . . .

« Mais pourquoi t'excitai-je aux larmes et aux
pleurs? Je veux te consoler et ne puis me consoler

moi-même. Il ne nous a pas abandonnés, non, crois-
moi, il ne nous a pas abandonnés, il sera encore au
milieu de ceux qui parleront de lui, il se tiendra
près de ceux qui le prieront. La faveur qu'il a daigné nous accorder aujourd'hui, en se montrant à
nous dans la gloire, il la renouvellera souvent, et
toujours, comme tout-à-l'heure, sa bénédiction des-
cendra sur nous pour nous protéger. Et puis, dans
cette vision, où il a montré le ciel ouvert à ceux
qui le suivent, il nous a enseigné où il fallait le
suivre, il nous a fait connaître où nous devons porter notre espérance, où nous devons diriger notre
cœur. »

O bienheureux Saint ! les temps où nous vivons
ne valent guère mieux que ceux où écrivait votre
pieux historien : maintenant aussi la charité va se
refroidissant ; mais votre puissance n'est pas amoin-
drie : priez donc encore pour nous, pour ce pays
que vous avez illustré autre fois par vos miracles
et vos vertus.

VIE

DE SAINT MARTIN

LIVRE SIXIÈME

LE TOMBEAU DE SAINT MARTIN.

———

Lorsque les grands de ce monde quittent la terre, toute leur gloire s'évanouit avec eux; ceux même qui échappent à l'oubli ne restent pour les générations suivantes qu'un objet de curiosité, qu'on regarde avec une complète indifférence. Il n'en est pas de même des saints: leur gloire n'est pas limitée par la tombe, parce que leur puissance elle-même n'est pas anéantie. C'est même généralement après la mort qu'il font un plus grand nombre de prodiges. Il semble que, plus près de Dieu, ils aient plus de crédit sur son cœur que pendant leur vie mortelle. C'est ce qui arriva pour saint Martin, Nous allons raconter quelques uns des prodiges qu'il opéra après sa mort; mais ici encore, et bien plus que lorsqu'il s'agissait de raconter les œuvres de sa vie, nous avouons notre impuissance à tout dire. Il faudrait des volumes pour relater les miracles opérés au tombeau du saint thaumaturge. Contentons-nous donc de quelques faits pris un peu au hasard entre mille autres.

CHAPITRE PREMIER.

TRANSLATION DES RELIQUES DE SAINT MARTIN.

Après être resté pendant quelques jours exposé à la vénération des fidèles, le corps de saint Martin fut transféré dans un petit oratoire, dedié à saint Etienne. C'est là qu'il fut d'abord enseveli. Les peuples y accoururent de toutes parts, à cause des nombreux miracles qui s'y faisaient ; c'est pourquoi saint Brice, devenu évêque de Tours, selon la prédiction de son bienheureux maître, jugea qu'il n'était pas convenable que la sainte relique restât plus longtemps dans le modeste oratoire où elle avait d'abord été déposée. Il fit donc construire en dehors de la ville une église plus grande et plus belle, qu'il dédia à saint Martin et où il fit tranférer son précieux corps.

Cependant les miracles continuèrent : la dévotion à saint Martin, loin de s'affaiblir, alla toujours croissant, et l'évêque Perpétuus, qui fut élevé sur le siége de Tours, soixante-six ans après la mort du Bienheureux, s'apercevant à son tour que la basilique construite par saint Brice n'était plus en rapport avec l'affluence des fidèles, en fit construire une autre vraiment magnifique. Cet édi-

fice, qui a été l'un des plus beaux ornements de la
France chétienne, avait cent soixante pieds de long
sur soixante de large. Il fut achevé en sept ans,
grâce à l'activité que déployèrent en cette circonstance l'évêque et le peuple de Tours.

Quand la nouvelle basilique fut complètement
terminée, Perpétuus en fixa la dédicace au 1er juillet. Il invita pour cette cérémonie, qu'il voulait
rendre aussi belle que possible, tous les évêques des
environs, un grand nombre d'abbés de différents
monastères et une multitude d'autres ecclésiastiques.
La veille du 1er juillet le clergé passa la nuit
dans la basilique; et quand le jour fut venu, on se
disposa à consacrer le nouveau temple et à y transporter le précieux corps, qui était resté jusque-là
enterré dans l'ancienne église. On ouvrit donc la
fosse, et bientôt on aperçut le cercueil. Mais quand
on se mit en devoir de le soulever, il fut trouvé
d'une pesanteur telle que tous les efforts qu'on put
faire ce jour-là furent inutiles.

On passa de nouveau la nuit en prières, et le lendemain on essaya encore d'enlever la sainte relique
sans plus de succès que la veille. L'assistance était
désolée et quelque peu effrayée de cette résistance,
qui évidemment n'était pas naturelle.

— C'est dans trois jours, dit alors un des clercs
présents, qu'on célèbre l'anniversaire de l'épiscopat
du Saint. Peut-être veut-il nous indiquer par ce
qui nous arrive, que la translation doit être faite
ce jour-là.

Les prélats se rendirent à cette observation, et on attendit encore trois jours qu'on passa dans la prière, les veilles saintes et le chant des psaumes.

Le 4 juillet, on se remit à l'œuvre. Le cercueil résista encore. Cette fois toute l'assistance fut dans une véritable consternation. Le Saint ne voulait donc pas de ce temple magnifique élevé à si grands frais pour sa gloire ! Il n'y avait plus qu'à se retirer, et déjà on se disposait à refermer la fosse, lorsqu'on vit apparaître un vieillard vénérable à la chevelure blanche comme la neige.

— Pourquoi ce trouble? dit-il aux assistants. Pourquoi ces hésitations? Ne voyez-vous pas que le seigneur Martin est prêt à vous aider?

Puis, ce vieillard que personne ne connaissait, mais qui se disait abbé, rejetant le manteau qui couvrait ses épaules, mit la main au cercueil avec plusieurs prêtres qui se trouvaient là. La confiance renaît aussitôt dans les esprits ; on prépare les croix et les cierges pour la procession, on entonne les psaumes ; et le cercueil soulevé sans effort est transporté jusque sous l'autel de la basilique, où il devait être déposé.

Après l'office, les prélats, réunis pour le repas que leur donna l'évêque de Tours, cherchèrent en vain le vénérable vieillard, qui avait mis fin à leur angoisse. Personne ne put dire ce qu'il était devenu. Sans doute c'était un ange du ciel, que le Seigneur avait envoyé, pour indiquer à ses pieux serviteurs qu'il approuvait les nouveaux honneurs rendus au glorieux saint Martin.

Les miracles continuèrent au tombeau du Saint; mais jusqu'à saint Grégoire de Tours, qui fut nommé évêque de cette ville en l'année 573, l'histoire ne nous en a transmis qu'un fort petit nombre. Ce dernier prélat prit soin de recueillir ceux qui parvinrent à sa connaissance ou dont il fut lui-même le témoin oculaire. C'est à lui que nous emprunterons la plupart de ceux que nous allons raconter.

CHAPITRE II

CLOVIS AU TOMBEAU DE SAINT MARTIN.

Vers l'an 507, Clovis roi des Francs passa à Tours à la tête de son armée. Il se rendait à Poitiers pour y combattre Alaric roi des Visigoths, qui résidait dans cette ville. « Je ne puis souffrir, avait-il dit en partant, que ces Ariens détiennent plus longtemps une partie des Gaules. Allons avec l'aide de Dieu, et après les avoir vaincus, soumettons leur pays à notre domination. »

En entrant sur le territoire de Tours, le monarque franc, par respect pour saint Martin, avait sévèrement défendu à ses soldats de s'y livrer à aucune rapine. Ils n'avaient le droit d'y prendre autre chose que de l'eau et de l'herbe. Or un soldat ayant trouvé du foin qui appartenait à un pauvre homme de la campagne, crut qu'il pouvait s'en emparer impunément. « Le roi, dit-il, a défendu de prendre autre chose que de l'herbe ; eh bien, cela, c'est de l'herbe ; on peut donc le prendre sans transgresser l'ordre du roi. » Et il prit le foin, malgré la résistance du propriétaire.

Clovis, ayant eu connaissance de ce larcin, fit sur-le-champ mettre à mort le coupable :

— Comment pourrons-nous espérer la victoire, dit-il, si l'on offense le bienheureux Martin?

Cette sévère punition produisit son effet, et personne n'osa plus rien prendre sur le territoire.

Cependant le roi envoya des ambassadeurs à la basilique de saint Martin.

— Allez, leur dit-il; vous trouverez peut-être dans l'édifice sacré quelque présage de victoire.

Il donna à ses messagers des présents pour la basilique, et il fit à Dieu cette prière : « Seigneur, si vous voulez être mon protecteur, et s'il entre dans les desseins de votre Providence de livrer entre mes mains cette nation incrédule, qui fut toujours votre ennemie, daignez me le révéler à l'entrée de la basilique de saint Martin, afin que je sache si votre serviteur peut compter sur votre protection. »

Or, au moment où les gens du roi mettaient le pied dans la basilique, on entonna ce verset du psaume 17 : « Seigneur, vous m'avez revêtu de force pour le combat; vous avez renversé sous mes pieds ceux qui s'élevaient contre moi; vous avez mis en fuite mes ennemis et dispersé ceux qui me haïssaient. »

Les messagers prirent ces paroles pour un présage favorable, et ils revinrent tout joyeux dire au roi ce qui leur était arrivé.

On sait que Clovis réussit pleinement dans son expédition contre les Ariens; il les défit dans les plaines de Vouglé, et il tua de sa propre main le roi Alaric; mais ce ne fut pas sans courir de grands dangers, dont Dieu le sauva plusieurs fois par une protection évidente. Ainsi, lorsqu'il voulut passer la Vienne, on fut un moment très-embarrassé. Le fleuve était gonflé par les pluies et il paraissait impossible que l'armée pût le traverser. Pendant la nuit le roi eut recours à Dieu, lui demandant de lui indiquer un endroit guéable, et lorsque le jour fut venu, un cerf d'une grandeur prodigieuse entra dans le fleuve en présence de l'armée, et lui indiqua ainsi un endroit ou l'on pouvait passer sans danger.

A Poitiers une lumière qui semblait partir de la basilique de Saint-Hilaire se reposa sur la tête du roi, comme si le bienheureux Confesseur, qui avait si généreusement combattue les doctrines ariennes pendant sa vie, voulait encore prêter son assistance au monarque, qui allait combattre par la force des armes les mêmes ennemis de notre foi.

Enfin, au moment où le roi venait de tuer Alaric, deux Goths survenant à l'improviste le frappèrent par derrière de deux coups d'épée, et il échappa assez difficilement à ce nouveau péril.

Après avoir triomphé de ses ennemis, Clovis revint à Tours remercier saint Martin ; à qui il se croyait en grande partie redevable de la victoire. Entre autres présents qu'il fit à la basilique, il donna le cheval sur lequel il avait combattu, et il le racheta immédiatement, moyennant cent pièces d'or, qui furent acceptés par le gardien du tombeau.

Mais quand on voulut reprendre le cheval, il fut impossible de le faire bouger de place. Clovis pensa qu'il n'était peut-être pas payé assez cher, il doubla la somme, et en effet on put alors le conduire comme l'ordinaire. On rapporte à ce sujet une saillie du monarque franc :

— Saint Martin est d'un bon secours, dit-il gaiement ; mais il se fait bien payer.

Clovis alla passer l'hiver à Bordeaux, et de là revint à Angoulême qui était encore au pouvoir des Goths. Saint Grégoire raconte qu'en présence du roi franc, les murs de cette dernière ville tombèrent d'eux-même, de sorte qu'il lui fut facile de s'en emparer.

Après cette victoire, il revint de nouveau à Tours où il reçut le titre de consul, que lui décerna l'empereur Anastase. A cette occasion il entra dans la basilique de saint Martin, revêtu des insignes de sa nouvelle dignité, comme s'il eût voulu en faire d'abord hommage à son puissant protecteur ; puis montant à cheval, il parcourut les rues de la ville, jetant à pleines mains l'or et l'argent au peuple accouru sur son passage.

Quand Clovis fut mort, sa veuve sainte Clotilde vint se retirer à Tours, où elle consacra les dernières années de sa vie aux œuvres de charité et au service de la basilique. C'est pendant le séjour de cette pieuse princesse au tombeau de saint Martin, qu'eut lieu le miracle que nous allons raconter dans le chapitre suivant.

CHAPITRE III.

THÉODEMOND LE SOURD ET MUET.

Théodemond était un jeune homme très-pieux, malgré la grave infirmité dont il était affligé. Chaque jour il venait à la basilique de saint Martin, et on le voyait continuellement occupé à prier Dieu. Il remuait les lèvres et souvent des larmes de dévotion mouillaient sa paupière, mais aucun son articulé ne sortait de sa bouche.

Les nombreux pèlerins, qui venaient à la célèbre basilique, ne manquaient pas de faire l'aumône à ce pauvre si intéressant. Théodemond recevait ce qu'on lui donnait; mais, après avoir prélevé sur ces offrandes ce qui lui était strictement nécessaire, il distribuait le reste aux autres pauvres.

Il y avait trois ans que le pauvre sourd et muet menait cette vie pieuse et charitable, lorsqu'un jour, poussé par une sorte d'inspiration divine, il vint devant l'autel, et pendant qu'il levait les mains vers le ciel, on vit tout à-coup sortir de sa bouche et de ses oreilles une grande quantité d'humeur mêlée de sang, comme si on lui eût avec une lancette percé quelque abcès intérieur. Lorsque ce pus fut écoulé, Théodemond se releva, et en présence des nombreux assistants que ce spectacle avait attirés, il prononce distinctement ces paroles les premières qui fussent sorties de sa bouche :

— Je vous rends grâces, bienheureux saint Martin, de ce que, ouvrant ma bouche, vous m'avez donné, le pouvoir de célébrer vos louanges (1).

— Et entendez-vous aussi ? demandaient les assistants que ce prodige jetait dans l'admiration.

— J'entends très-bien, répondait Théodemond.

La reine Clotilde adopta le pauvre, à qui saint Martin avait d'une manière si miraculeuse rendu la santé. Placé par sa bienfaitrice dans une école, il y fit de rapides progrès, et devint un clerc fervent.

---

(1) Naturellement, le sourd et muet qui recouvre l'usage de l'ouïe, ne sait pas parler. Si Théodemond a pu parler immédiatement après sa guérison, c'est par l'effet d'un nouveau miracle.

CHAPITRE IV.

LE FILS DU ROI DES SUÈVES.

Vers le milieu du sixième siècle la Galice, province située au nord-ouest de la péninsule espagnole était au pouvoir des Suèves. Cette nation était alors infectée de l'hérésie arienne. Néanmoins, le fils du roi étant tombé dans une maladie de langueur qui mettait sa vie en danger, le monarque arien dit à quelques-uns de ses courtisans :

— Dites-moi donc, ce Martin des Gaules qu'on dit si célèbre par ses miracles, de quelle religion était-il ?

— C'était, répondirent-ils, un pasteur de l'Eglise Catholique. Il affirmait que le Fils a la même essence et la même toute-puissance que le Père et le Saint-Esprit et que nous devons le vénérer comme tel. Maintenant qu'il est au ciel, il ne cesse de répandre des bienfaits sur son peuple.

— Si cela est vrai, reprit le roi, que ceux qui m'aiment réellement aillent à son temple lui offrir de ma part de riches présents. S'ils obtiennent la guérison de mon fils, je me ferai instruire de la foi catholique, et ce qu'il a cru je le croirai moi-même.

Ayant dit cela, le roi donna à ceux qu'il envoyait

au tombeau de saint Martin une somme d'or du poids de son fils. (1)

Les envoyés du roi firent leur offrande au tombeau du Bienheureux, et après y avoir prié quelque temps pour la guérison du jeune prince, ils revinrent dans leur pays. Le malade n'était pas guéri. Sans doute le peu d'empressement que le roi mettait à se convertir était un obstacle à la faveur miraculeuse qu'il sollicitait.

— Nous avons vu bien des miracles au tombeau du Bienheureux, lui dirent ses messagers ; et nous ne savons pas pourquoi votre fils n'est pas guéri.

Le roi finit par comprendre que, s'il voulait se rendre propice le saint thaumaturge, il lui fallait d'abord confesser la divinité de Notre-Seigneur Jésus-Christ. Il fit donc construire une magnifique église en l'honneur de saint Martin ; et quand elle fut achevée, il dit :

— Si je puis avoir des reliques de ce saint homme, je croirait tout ce que les prêtres me diront.

De nouveaux messagers furent donc envoyés au tombeau du Saint avec mission d'en rapporter des reliques. On leur offrit, selon l'usage, des linges ou étoffes qui avaient été déposés pendant quelques temps sur la tombe du Saint ; car on ne touchait pas au précieux corps, et l'on ne voulait pas se de-

(1) C'était un usage de l'époque. Ceux qui étaient moins riches offraient une quantité de cire dont le poids égalait celui du malade, ou au moins un cierge de même grandeur.

saisir des objets qui avaient appartenu au Bienheureux pendant sa vie mortelle. Du reste ces sortes
de reliques, ainsi que l'huile qu'on avait mise
quelque temps devant l'autel, la cire des cierges qui
brûlaient en l'honneur du Saint, servirent souvent
à faire des miracles. Saint Grégoire rapporte même
un fait encore plus extraordinaire. C'était en Italie.
Un chrétien de ce pays se trouvant atteint d'un mal
appelé la pustule, qui mettait sa vie en danger, demanda à quelques personnes qui se trouvaient près
de lui, si quelqu'un d'entre eux avait été au tombeau de saint Martin.

— Moi, répondit l'un des assistants.

— Qu'avez-vous rapporté comme bénédiction? (1)

— Je n'ai rien rapporté.

— Mais alors quel habit portiez-vous lorsque vous
êtes entré dans le temple ?

— Celui qui je porte encore maintenant.

Alors le malade, plein de foi en la puissance du
grand thaumaturge, coupa un morceau de l'habit
du pélerin, et l'appliqua sur sa pustule, qui fu
guérie instantanément. Bien d'autres personnes atteintes de la même maladie eurent dans la suite
recours au même remède, et avec le même succès.

Revenons aux messagers suèves. Ils refusèrent les
objets qu'on leur présentait.

— Non, dirent-ils; permettez-nous de placer nous

(1) Nom que l'on donnait aux objets déposés sur le tombeau
ou dans la basilique.

même, quelque chose sur le tombeau, et nous l'emporterons ensuite.

Ils placèrent donc sur le tombeau une pièce de soierie, en disant :

— Si nous avons trouvé grâce devant le saint Patron, ce que nous plaçons ici deviendra plus lourd, et ce sera pour nous une bénédiction.

Puis il passèrent la nuit en prière, et Dieu ayant bien voulu exaucer leur naïve demande, lorsque le lendemain matin ils pesèrent la pièce de soie, ils la trouvèrent beaucoup plus lourde que la veille.

Ce fut au chant des psaumes qu'il enlevèrent l'objet béni par sa présence dans la sainte basilique. Des prisonniers entendirent ce chant, et ils demandèrent à leurs gardiens ce que cela signifiait :

— C'est, leur fut-il répondu, qu'on transporte en Galice des reliques de saint Martin.

Alors ils invoquèrent le Bienheureux, lui demandant avec larmes qu'il daignât leur rendre la liberté.

Leur prière fut exaucée. Les gardiens saisis d'une frayeur soudaine prirent la fuite : les chaînes des captifs furent brisées, et ceux-ci coururent aux saintes reliques et les baisèrent en versant des larmes de joie et en remerciant saint Martin de la faveur qu'ils avaient reçue. Cependant la justice pouvait encore les reprendre ; mais l'évêque demanda aux magistrats de confirmer la mise en liberté de ces hommes, que le Bienheureux avait délivrés de leurs chaînes, et leur grâce leur fut accordée.

Quant aux messagers suèves, on pense combien
ils durent être joyeux de cette événement miraculeux.

— Maintenant, dirent-ils, nous avons la preuve
que le saint pontife nous est propice.

Ils rentrèrent dans leur pays, après une navi-
gation tellement heureuse, que notre pieux narrateur ne peut s'empêcher d'y trouver une nouvelle protection de saint Martin. Mais ici un nouveau prodige. A peine les envoyés du roi avaient-
ils mis le pied sur le sol de la Galice, que le jeune
prince se trouva guéri subitement, et put se lever
pour aller à leur rencontre. Le roi, abjurant ses erreurs, confessa la divinité de Jésus-Christ et fut con-
firmé avec toute sa maison. Du reste la bénédiction
du Ciel semblait avoir pénétré dans ce pays avec les
reliques du bienheureux saint Martin ; car la lèpre,
qui y était très-commune jusque-là, disparut complétement, et à partir de ce jour, personne n'en fut plus
atteint ; et cela encore n'était qu'un présage des
avantages spirituels que la protection du Saint devait procurer à ces peuples, qui d'hérétiques qu'ils
avaient été jusque-là devinrent de fervents catholiques, tout prêts, nous dit saint Grégoire, à répandre
leur sang pour la foi, si cela eut été necessaire.

CHAPITRE V.

En l'année 563, un jeune clerc issu d'une des premières familles d'Auvergne venait au tombeau de saint Martin, pour demander au glorieux thaumaturge la guérison d'une maladie, contre laquelle tous les secours de l'art s'étaient trouvés impuissants. Il se nommait George Florentius. Plus tard il prit le nom de Grégoire, et il devait être le plus illustre successeur du glorieux saint Martin. C'est lui qui nous a raconté les miracles opérés par l'intercession de notre Bienheureux ; lui-même fut plus d'une fois l'objet de cette puissance merveilleuse, ainsi qu'il lui arriva en cette circonstance.

« J'étais gravement malade, nous dit-il ; la fièvre, accompagnée de pustules d'un caractère pernicieux m'avait réduit à l'extrémité. Je ne pouvais plus ni boire ni manger, et je ne songeais qu'à ma sépulture. Alors j'invoquai le bienheureux saint Martin ; et me trouvant un peu mieux, je me disposai à entreprendre le voyage de Tours. J'en avais un si grand désir, bien que mon malaise fût loin d'être complétement passé, qu'il me semblait que je ne pouvais vivre si je n'allais visiter le saint tombeau.

Je me mis donc en route, malgré mon extrême faiblesse ; mais, à peine avais-je fait deux ou trois
étapes, que la fièvre me reprit avec tant de violence,
que mes compagnons me regardaient comme perdu.

— Retournons chez nous, me disaient-ils. Si Dieu
veut vous appeler à lui, vous mourrez du moins
dans votre famille. Si au contraire vous guérissez,
il vous sera facile d'accomplir votre pèlerinage. Il
vaut mieux retourner dans votre maison que de
mourir dans ce désert.

Nous étions alors dans une forêt.

Ces paroles m'arrachèrent des larmes.

— Je vous en conjure par le Dieu tout-puissant,
dis-je à mes amis, et par le jour redoutable du
jugement, consentez à ce que je vous demande, et
ne renoncez pas à ce voyage commencé. Si j'ai le
bonheur de voir la basilique de saint Martin, j'en
rendrai grâce à Dieu. Sinon, vous y enterrerez
mon corps ; car je suis décidé à ne pas rentrer à la
maison avant d'avoir eu la consolation de me présenter à son tombeau.

Alors nous reprenons tout en pleurs notre marche
interrompue, et avec l'aide du glorieux Patron,
nous arrivâmes à sa basilique.

Nous avions avec nous un clerc nommé Armentarius, qui était à mon service. Ce jeune homme
était très versé dans les saintes lettres, et il avait
pour le chant une facilité tellement extraordinaire
qu'il n'avait pour ainsi dire pas besoin de l'étudier.
C'était d'ailleurs un serviteur aussi habile que

fidèle. Malheureusement, ayant était atteint de la maladie dont je souffrais moi-même, il était resté après sa guérison complétement privé de sa raison, de sorte qu'il ne pouvait plus rien comprendre ni rien faire.

Or, ayant passé en prière dans la sainte basilique la troisième nuit qui suivit notre arrivée, nous étions rentrés chez nous le matin pour nous coucher, et nous dormimes jusque vers deux heures. M'étant alors éveillé, et sentant que ma santé était complétement rétablie, j'appelai tout joyeux mon serviteur. Ce fut Armentarius qui se présenta.

— Seigneur, me dit-il, je suis prêt à faire ce que vous me commanderez.

Mais moi, pensant qu'il était toujours privé de sa raison :

— Va, lui dis-je, et, si tu peux, appelle mon serviteur.

— Mais, je puis très bien faire tout ce que vous m'ordonnerez.

— Comment cela? lui dis-je tout surpris.

— Je sens que je suis guéri ; me répondit-il. Seulement il y a une chose que je ne puis m'expliquer, c'est par quel hasard je me trouve dans ce pays.

De fait il exécuta ce que je lui commandai, avec son intelligence d'autrefois.

Alors, versant des larmes de bonheur, je remerciai Dieu qui par l'intercession du saint Patron m'avait guéri moi-même, ed avait rendu l'esprit à ce pauvre insensé qui ne pouvait pas même demander sa guérison. J'ajouterai que quarante jours après, je commençai à boire du vin avec plaisir, ce que je n'avais pu faire depuis longtemps, la maladie m'ayant inspiré une répugnance invincible pour cette boisson.

CHAPITRE VI.

SOURDS ET MUETS.

Les malades, les infirmes, les malheureux de toute sorte affluaient continuellement à la sainte basilique, pour demander au bienheureux Patron la guérison de leurs maux, et souvent les miracles les plus extraordinaires récompensaient la foi des pieux pèlerins.

Une femme, par suite d'une grave maladie, était devenue complétement muette, de sorte qu'elle ne pouvait proférer aucun son articulé. Elle vint à Tours implorer le secours de saint Martin, mais elle n'obtint pas d'abord ce qu'elle demandait : les jours se succédaient, et la pauvre muette restait toujours dans le même état. Cependant elle ne perdait pas confiance : elle savait que Dieu aime la persévérance ; et en effet un dimanche, pendant qu'elle assistait à la grand'messe, on l'entendit chanter le *Pater* avec les autres fidèles (1). Elle était guérie.

(1) Dans l'Eglise Grecque, et dans certaines Eglises d'Occident, les fidèles chantaient le *Pater* en même temps que le célébrant.

Un habitant d'Angers avait également perdu la parole à la suite d'une maladie. Ses frères le voyant dans cet état, au lieu d'avoir pitié de lui, comme c'était leur devoir, le chassèrent de la maison paternelle.

— Il est devenu fou, dirent-ils; nous n'avons pas besoin qu'il diminue notre part d'héritage.

Cependant le pauvre muet n'avait nullement perdu sa raison. Abandonné par ses proches, il se munit de deux planchettes, qu'il frappait l'une contre l'autre, pour attirer l'attention, et s'en allait ainsi par les chemins en demandant l'aumône. Il arriva enfin jusqu'à Tours, où il se joignit aux autres pauvres, qui étaient entretenus aux frais de la basilique.

Il y avait six ans qu'il vivait ainsi, lorsque pendant une nuit du samedi au dimanche, alors qu'il était couché sous le toit où il recevait l'hospitalité, une vive lumière illumina subitement cet endroit. Effrayé d'abord, le pauvre se prosterne contre terre; et voici qu'apparait à ses yeux un personnage revêtu des ornements sacerdotaux L'apparition le touche, fait sur son front le signe de la croix, et lui dit : Le Seigneur t'a guéri : lève-toi, et cours à l'église rendre grâce à Dieu.

Le muet aussitôt élève la voix, il remplit de ses cris de joie tous les environs. On accourt, on constate que cet homme, muet la veille encore, parle distinctement, et bientôt tout le peuple, réuni pour l'office du jour, peut constater le nouveau prodige dû à la puissance du bienheureux Patron.

Ce jour-là deux énergumènes furent délivrés du démon.

Un enfant nommé Piolus était venu au monde avec les doigts tellement crispés contre la paume des mains, qu'il lui était impossible de les ouvrir. A mesure qu'il avançait en âge, cette infirmité ne faisait que devenir plus intolérable, car les ongles, en croissant, lui entraient dans les chairs et le faisaient beacoup souffrir. Ce fut seulement à l'âge de dix ans qu'il trouva sa guérison au tombeau de saint Martin.

Mais environ cinq ans plus tard il fut atteint d'une fièvre pernicieuse, qui lui enleva l'usage de l'ouïe et de la parole. Le jeune homme alla de nouveau implorer le secours du Saint qui l'avait guéri une première fois. Il passa en prière au pied du saint tombeau la nuit de son arrivée. Cependant le sommeil l'ayant gagné après minuit, il eut en songe quelque vision terrible. « Seigneur Martin, s'écria-t-il aussitôt, délivrez-moi. »

En s'éveillant il se trouva complétement délivré de sa double infirmité.

Une petite fille de Tours était sourde et muette de naissance. Sa pauvre mère désolée pleurait bien souvent, lorsqu'elle reçut en songe l'avertissement d'aller demander au Bienheureux la guérison de sa fille. Elle y alla avec une grande confiance et déposa son enfant pendant quelque temps auprès du tombeau. Puis, lorsqu'on alluma l'encens, elle lui demanda si cela sentait bon. « Bon, » répondit la petite fille. C'était le premier mot que la pauvre mère eût entendu sortir de la bouche de son enfant. Elle lui donna de l'eau puisée à une source bénie, et lui demanda quel goût cela avait. « Bon, » répondit encore l'enfant.

L'heureuse mère ramena chez elle son enfant, qu'elle avait apportée le matin le cœur tout gonflé de tristesse, mais cependant rempli de cette confiance que Dieu se plaît souvent à récompenser par des miracles.

La femme d'un fermier de l'évêque de Tours, revenant de travailler dans les champs, fut subitement privée de la parole. Les devins, consultés sur cet accident, répondirent qu'elle avait été rencontrée par le démon de midi, et prétendirent la délivrer au moyen de paroles magiques et de ligatures faites avec des herbes particulières. Mais tout cela ne guérissait nullement la malade, qui non seulement était muette, mais paraissait sur le point de rendre le dernier soupir. Pendant que tout le monde se lamentait autour d'elle, son fils courut chez Eusténie, nièce de saint Grégoire, et lui raconta l'accident arrivé à sa mère. Eusténie vint voir la malade, fit ôter les herbes avec lesquelles on prétendait follement la guérir, et lui mit dans la bouche de l'huile et de la cire du tombeau. Sur-le-champ elle se trouva complétement guérie.

Voici maintenant un dernier fait dont saint Grégoire veut faire honneur à saint Martin, mais qu'on pourait peut-être tout aussi bien lui attribuer à lui-même. Le lecteur en jugera. **Nous laissons parler notre pieux auteur.**

« Je m'étais rendu à Reims, nous dit-il, où m'appelaient certaines affaires. J'y fus reçu très-amicalement par Egidius, évêque de la ville. Le lendemain, qui était un dimanche, je me rendis à l'église et j'attendais l'évêque dans la sacristie, lorqu'arriva Siggon, référendaire du roi Sigebert(1). Après l'avoir embrassé, je le priai de s'asseoir à mon côté. Or je portais sur moi des reliques de saint Martin.

« Siggon était complétement sourd d'une oreille, et il avait l'autre tellement dure, qu'il entendait à peine ce que je lui disais. Après que nous eûmes causé suffisamment, il se retira. Mais à peine m'eut-il quitté que quelque chose se rompit dans son oreille; il en sentit sortir comme un grand vent, et il se trouva guéri. Aussitôt d'accourir pour me remercier :

— Voilà trois jours que je n'entendais plus de cette oreille, me dit-il ; mais en causant avec vous j'ai senti qu'elle se guérissait.

« Alors, confus de qui était arrivé, et ne voulant pas qu'on m'attribuât cette guérison miraculeuse, je lui dis : Ce n'est pas moi, mon cher fils, qu'il faut remercier, mais celui qui vous a rendu l'ouïe par sa

---

(1) La place de référendaire équivalait à peu près à celle du garde des sceaux de nos jours.

puissance. Sachez en effet que je porte sur moi des reliques de saint Martin : ce sont elles qui sont cause de votre guérison. »

———

CHAPITRE VII.

AVEUGLES.

Un homme étranger à Tours, mais qui habitait le pays depuis quelque temps avait perdu la vue depuis une vingtaine d'années. Un de ses yeux avait en outre été crevé d'un coup de bâton. Ayant été averti en songe d'aller au tombeau du Saint, il s'y rendit, et après avoir prié pendant trois jours, il recouvra l'usage de l'un de ses yeux. Encouragé par cette première faveur, il continua à prier le bienheureux thaumaturge, et le lendemain l'œil crevé fut guéri lui-même. Cependant il ne vit jamais si bien de ce côté-là que de l'autre. Dieu sans doute avait voulu lui laisser, pour le reste de ses jours, un souvenir du double miracle qui lui avait été accordé.

Deux jeunes enfants dormaient dans le même lit pendant une nuit du samedi au Dimanche. Ayant cru entendre le son de la cloche qui donne le signal des matines, il se levèrent et allérent à l'église. Ils y virent des femmes qui chantaient en chœur. Cette vision les effraya, parceque, dans ces femmes ils crurent reconnaître une troupe de démons ; les voilà donc qui se prosternent le visage contre terre, sans

avoir la précaution de se munir du signe de la croix
qui les eût mis à l'abri des attaques de l'esprit
mauvais ; et tous les deux devinrent aveugles, l'un
des deux fut en outre privé de l'usage de ses jambes.

Cette infirmité persista pendant plusieurs années.
Enfin celui qui était seulement aveugle vint dévotement à la basilique de saint Martin, et y recouvra
la vue. L'autre imita cet exemple, et en fut récom-
pensé de la même maniere ; mais ses jambes lui
refusaient toujours leur service, et c'est en boitant
qu'il dut rentrer chez lui. Il fit alors un pélerinage
à la cellule de Candes, où l'on conservait le lit sur
lequel notre bienheureux pontife avait rendu le dernier soupir. Il assista aux matines pendant la nuit
du dimanche, et tout-à-coup, sentant que quelque chose de surnaturel se passe en lui, il se lève
et va se dresser auprès de la fenêtre par laquelle
les gens de Tours avaient enlevé le corps de leur
saint pontife. Il recouvra alors complétement sa
santé, et n'eut plus dans la suite rien à souffrir du
double mal dont il avait été affligé si longtemps.

Une jeune fille de Lisieux, déjà d'un certain âge
avait perdu la vue. On la vit, pendant une fête qui
se célébrait à la sainte basilique, passer tout le temps
en prière, prosternée sur le pavé du temple.

Trois jours après, elle y était encore, toujours aveugle, mais ne se lassant pas de prier ; il fallut que
les gens qui l'avaient accompagnée lui fissent une
sorte de violence, pour l'engager à retourner dans
on pays.

— Au moins, leur dit-elle, conduisez-moi au tombeau du Bienheureux.

Quand elle y fut, elle se prosterna à diverses reprises, essuya ses yeux avec la nappe qui recouvrait le tombeau, et se retira.

La jeune chrétienne toujours affligée de son infirmité, mais parfaitement résignée à la volonté divine était déjà montée sur l'embarcation qui devait la reconduire chez elle, lorsqu'elle adressa au Bienheureux cet humble remercîment:

— Je vous rends grâce, bienheureux confesseur, de ce que, n'ayant pas été trouvée digne de voir votre tombeau, j'ai pu du moins le toucher.

En disant cela, ses yeux se baignent de larmes de reconnaissance, elle les essuyait, et tout-à-coup sentant que la vue lui est rendue, elle se tourne du côté du sanctuaire béni.

— N'est-ce point là, dit-elle, la basilique du Bienheureux?

— Oui, lui est-il répondu.

— Je ne m'en irai pas, reprend l'heureuse jeune fille, sans avoir rendu grâce au saint patron pour la santé qui m'est rendue.

Elle revint donc au temple, où un grand nombre de personnes purent l'entendre célébrer les louanges de saint Martin.

Un enfant de Limoges recouvra également la vue, dans les circonstances suivantes. Il était devenu aveugle à l'âge de trois ans, un jour que sa mère le portant dans ses bras, s'était vue tout-à-coup environnée d'un tourbillon de paille et de poussière, soulevé, dit saint Grégoire, par la malice du démon. Cette femme n'eut pas la précaution de conjurer le danger en faisant sur elle et son enfant le signe de la croix, et l'enfant fut aveuglé par la poussière. Il pleura longtemps, car cela lui faisait mal. A la fin sa mère finit par l'apaiser ; mais il resta aveugle.

Quand il fut devenu grand, le jeune aveugle fut confié à des mendiants, afin de trouver de quoi vivre en leur compagnie ; car ses parents étaient très-pauvres. Il arriva ainsi à Tours la veille de la Nativité de Notre-Seigneur. Il y avait alors douze ans qu'il était aveugle. Dès son arrivée il se rendit à la basilique, où il assista aux Vigiles ; et quand l'office fut terminé, que les autres se retiraient, lui restait immobile aux pieds du saint patron. Tout-à-coup il sent dans ses yeux une vive douleur, comme si on les eût piqués avec des aiguilles ; le sang coule sur ses joues : il lève la tête, et aperçoit un cierge allumé près de là. « Merci ! saint confesseur de Dieu, s'écrie-t-il aussitôt ; merci de m'avoir par votre puissance rendu l'usage de mes yeux ! »

« O grâce admirable ! s'écrie à son tour notre pieux auteur, ô puissance prodigieuse ! Vous répandez vos dons sur les peuples de toutes les manières. Celui qui demandait l'aumône reçoit la lumière, et le visage resté tant d'années dans les ténèbres revoit par votre puissance la clarté du jour. Oh ! si les ténèbres de nos crimes ne vous détournaient pas de nous, vous rendriez votre présence sensible au

milieu de nous, et répétant la parole de Pierre vous
diriez aux infirmes : Je n'ai ni or ni argent, mais ce
que j'ai je vous le donne : Au nom de Jésus-Christ
allez-vous-en guéris. »

Un diacre belge avait bu pendant que les autres
assistaient à matines. Il paraît que c'était une faute,
soit qu'une loi défendît de rien prendre avant la
fin des matines ; soit plus simplement qu'il fût
répréhensible de s'amuser à boire pendant que les
autres chantaient les louanges de Dieu. Quoi qu'il
en soit, il fut subitement frappé de cécité. Alors,
pour se punir, et obtenir de Dieu le pardon de sa
faute, il se mit à jeûner et à passer les nuits en
prière.

Sur ces entrefaites, le bruit des guérisons miraculeuses que saint Martin faisait à Tours parvint
jusqu'à ses oreilles. Aussitôt il part pour la sainte
basilique, bien convaincu que saint Martin pouvait
le guérir. En effet, il n'y était pas depuis trois jours
que ses ardentes prières étaient exaucées.

Saint Grégoire, témoin de ce miracle, demanda
au diacre comment cette infirmité lui était arrivée.

« Il y a sept mois, répondit celui-ci, que, me
rendant à l'église pour assister aux matines, je rencontrai un de mes amis. Après l'avoir embrassé et
lui avoir demandé des nouvelles de sa famille, je
l'engageai à venir boire quelque chose. Il accepta
pour me faire plaisir et se retira. Or, à peine était-
il sorti que mes yeux se fermèrent, et il me devint
impossible de les rouvrir. Je vivais tout triste de

cette infirmité, lorsque le désir me prit de venir au tombeau de votre bienheureux patron, et le troisième jour, pendant que j'étais au tombeau, je sentis subitement une grande douleur dans les yeux. Je demandai alors en gémissant et avec une vive ardeur le secours du Saint, et aussitôt du sang sortit de mes yeux et ils furent de nouveau rendus à la lumière. »

La basilique qui contenait le corps de saint Martin n'était pas le seul lieu qu'affectionnaient ses dévots serviteurs, nous avons déjà vu qu'on allait aussi à Candes, où il était mort ; l'humble cellule qu'il avait santifiée par sa présence quand les travaux de l'épiscopat lui permettaient de venir se reposer dans son cher monastère, était aussi devenue un but de pélerinage. Parmi les nombreux visiteurs que la célébrité de ce lieu y attirait de tous les pays du monde catholique, on remarquait un riche aveugle, nommé Vinaste, qui ne manquait pas de venir chaque année faire ses dévotions à la sainte cellule. Après avoir assisté dévotement aux offices, il faisait une riche aumône aux pauvres, les servait de ses mains et leur rendait, autant que son infirmité le lui permettait, tous les offices que réclamait leur état ; après quoi il s'en retournait chez lui.

Or, une année, Vinaste, après s'être acquitté de ses dévotions habituelles, venait de faire une dernière prière à la balustrade qui entourait le lit où avait reposé le Bienheureux, et il se levait pour partir, lorsqu'il s'aperçoit qu'il voyait un peu clair.

— Je vois, dit-il aux personnes qui l'entouraient, comme une tenture de soie suspendue ici.

— Vous voyez bien, lui fut-il répondu.

Cependant, comme sa vue était encore loin d'être parfaitement claire, il se mit à prier avec larmes le bienheureux thaumaturge de vouloir bien achever son œuvre. Il finit par s'endormir en continuant sa prière. Alors il entendit en songe une voix qui disait : « Allez à la basilique de saint Martin ; vous y obtiendrez une guérison parfaite. »

Il s'y fit conduire aussitôt, et, selon la promesse qui lui avait été faite, il y retrouva complétement l'usage de ses yeux.

CHAPITRE VIII.

LES BOITEUX.

Saint Grégoire nous raconte la guérison d'un assez bon nombre de boiteux qui étaient venus implorer le secours de saint Martin ; mais ces faits ayant entre eux beaucoup de ressemblance, nous ne citerons ici que deux de ces miracles, qui nous ont paru offrir des circonstances particulières et capables d'intéresser le lecteur.

Le premier eut lieu en faveur de la mère de notre pieux historien. — « Ma mère, nous dit-il, avait contracté une douleur à la jambe au moment de ma naissance, cela lui prenait subitement, comme si on lui eût enfoncé un clou dans les muscles, et la douleur était si vive que le plus souvent elle en perdait connaissance. Une grande chaleur pouvait seule la soulager un peu. Après mon ordination, elle vint à Tours, soit pour me voir, soit pour y vénérer notre saint pontife. Ella y demeura deux ou trois mois, ne cessant d'implorer le saint thaumaturge, et enfin elle obtint la guérison complète de cette douleur qui la fatiguait depuis trente-quatre ans. »

Le second miracle fut accordé à Gondolphe, habitant de Tours, qui avait vécu depuis son enfance avec Gonthaire, fils du roi Clotaire. Pendant qu'il était au service du jeune prince, le roi lui ayant commandé un jour de monter sur un arbre pour cueillir du fruit, la branche sur laquelle il s'appuyait se rompit, il tomba et se blessa au pied d'une manière si malheureuse, qu'il en resta boiteux. Plusieurs années après cet accident il fit une chute de cheval, dans laquelle son autre jambe se trouva gravement blessée. Il se fit alors porter à la sainte basilique, et prosterné sur le pavé, il implora avec ferveur le secours du Bienheureux. Ce secours ne se fit pas attendre. Quand Gondolphe se releva, la douleur que lui faisait éprouver sa nouvelle blessure était complétement apaisée. Mais l'autre jambe était toujours dans le même état. Les os avaient été brisés et elle se trouvait beaucoup plus courte que l'autre. Elle resta ainsi pendant trente-quatre ans. Après ce laps de temps, Gondolphe résolut de changer de vie et de faire couper ses cheveux pour se consacrer au service de saint Martin. Le roi l'ayant autorisé à quitter son service et à donner ses biens à la sainte basilique, il reçut la tonsure ; et le nouveau maître, à qui il consacrait le reste de ses jours, lui accorda la guérison complète de son infirmité; de sorte, ajoute saint Grégoire, qu'on peut voir allant librement où il veut, celui qui naguère ne pouvait marcher que soutenu par deux serviteurs.

CHAPITRE IX.

LES PARALYTIQUES.

Un pauvre homme du pays des Cénomans (1), nommé Sisulfe, s'étant endormi dan son jardin vers l'heure de midi, fut bien douloureusement surpris à son réveil de trouver ses doigts contractés, et tellement serrés dans la paume de la main qu'il ne pouvait les ouvrir. Après avoir gémi pendant quelque temps sur cette infirmité dont il ne pouvait connaître la cause, il finit par s'endormir. Or, pendant ce second sommeil, il vit en songe un vieillard, aux cheveux blancs, revêtu d'un habit noir.

— Pourquoi pleurez-vous ainsi ? lui dit l'apparition.

— Hélas, vénérable vieillard, répondit-il, pendant que je dormais, j'ai perdu l'usage de mes mains, et j'ignore par quelle faute j'ai pu mériter ce malheur.

— Votre infirmité reprit le vieillard, est un signe de la calamité qui menace le peuple prévaricateur: allez donc par les villes, les bourgs, et les châteaux, et sur votre passage exhortez les hommes à s'abste-

(1) Aujourd'hui le Maine.

nir de rapines, de parjures, d'usures et de toute
œuvre servile les jours de Dimanche. Car voici que
nous sommes prosternés tout en larmes devant le
Seigneur, lui demandant la grâce du peuple chrétien. Tout espoir n'est pas perdu, si l'on veut bien se
convertir ; mais la guerre, les maladies et d'autres
fléaux sont sur le point d'être déchaînés sur la
terre par la justice de Dieu indigné de la conduite
des hommes. Hâtez-vous de les engager à changer de
vie, s'ils ne veulent pas périr misérablement dans
leur impénitence. Pour vous, quand vous aurez accompli ces ordres, vous irez à la basilique de Tours,
et là j'obtiendrai du Seigneur votre guérison.

— Dites-moi, Seigneur, demanda le pauvre
homme, dites-moi, je vous prie, qui vous êtes et
quel est votre nom.

— Je suis Martin, prêtre de Tours, répondit l'apparition.

Alors Sisulfe s'éveilla, et se munissant d'une be-
sace, il commença à parcourir le pays en exhortant
les hommes à la pénitence, ainsi que cela lui avait
été ordonné.

Sept mois après, il arrivait à Tours, et on le vit
pendant les trois premiers jours prosterné sur le pavé
de la basilique, priant saint Martin d'accomplir la
promesse qu'il lui avait faite. Car il n'était pas guéri;
son mal même s'était de beaucoup aggravé, et la
paume de la main, dans laquelle entraient les ongles des doigts, commençait à se corrompre. Mais
le saint thaumaturge n'oublia pas son serviteur, et

le quatrième jour le miracle qu'il sollicitait lui fut accordé.

C'est Sisulfe lui-même qui raconta à saint Grégoire de Tours toute cette histoire.

Quelque temps après la guérison de Sisulfe, arrivait à Tours une femme de Poitiers, atteinte absolument de la même infirmité. Elle aussi avait les doigts tellement serrés contre la paume des mains, qu'ils semblaient entrer dans les os et corrompaient les chairs. Elle était venue pour la fête du Saint. Après avoir assisté à tous les offices, comme elle n'était pas guérie, elle dit aux personnes qui l'avaient accompagnée dans ce pèlerinage : « Nous étions venus de bien bon cœur implorer le secours du Bienheureux; mais nos péchés sont cause que nous n'avons pu obtenir ce que nous demandions. Maintenant que nous avons fini nos dévotions retournons chez nous. Sans doute, par la bonté du saint évêque, si le corps n'est pas guéri, notre âme du moins aura profité de ce pèlerinage. »

Ayant donc en quelque sorte fait ses adieux au Saint, elle s'en retourna chez elle. Le soir venu, les pieux pèlerins s'arrêtèrent sur les bords du Cher, pour y passer la nuit. S'étant éveillée vers le milieu de la nuit, la pieuse malade, toujours parfaitement résignée à la divine volonté, se mit à épancher son âme devant le Seigneur, le remerciant de ce qu'il lui avait donné la vie et la lui conservait chaque jour, et de ce qu'il lui avait procuré le bonheur de visiter le tombeau du saint évêque. Son cœur était

ému de ces pensées et des larmes de reconnaissance
mouillaient sa paupière. Cependant elle se rendormit. Or voici que pendant son sommeil un vieillard
vénérable lui apparaît. Ses cheveux avaient la blancheur du cygne, ses vêtements l'éclat de la pourpre,
et il tenait à la main le signe de notre rédemption. « Au nom du Christ notre Rédempteur, dit-il
à la malade, vous êtes guérie. » Et lui prenant la
main, il desserra les doigts et les redressa.

La malade, en s'éveillant, se trouva réellement
guérie. Elle remercia le Seigneur ; et, se levant de
grand matin, elle retourna à Tours pour rendre
grâce à son saint protecteur.

Une pauvre jeune fille du Palatinat (1) était per-
clue des deux jambes. Elle avait les nerfs tellement
contractés que les pieds semblaient collés contre
les cuisses. Son père la porte au tombeau de saint
Martin, sollicitant avec grande piété la guérison de
la pauvre infirme. Elle y resta trois mois, pendant
lesquelles elle vécut des aumônes que lui donnaient
les passants. Un jour de fête, pendant que le célé·
brant, qui était saint Grégoire, chantait la Préface
du saint patron, la jeune infirme se mit à pousser
des cris, indiquant qu'elle souffrait beaucoup. Au
Sanctus elle était guérie, et elle put ce jour-là
s'avancer toute seule jusqu'à la sainte table.

Une femme du Berri avait donné le jour à un

(1) Deux provinces d'Allemagne portaient ce nom : l'une
sur les bords du Rhin, avait pour capitale Spire; l'autre sur
les bords du Danube, capitale Ratisbonne.

enfant tellement difforme que c'était plutôt un monstre qu'un être humain. Il était tout ramassé sur lui-même, ayant les genoux collés à l'estomac et les pieds contre les cuisses, tandis que les mains adhéraient à la poitrine. De plus il était sourd et aveugle. Quand il put se passer des premiers soins maternels, le pauvre petit malheureux fut donné par ses parents à des mendiants, qui le mirent sur un chariot et le promenaient avec eux, pour exciter par sa vue la pitié des âmes charitables. Ils le conduisirent ainsi jusqu'à Tours, où il recouvra l'ouïe et la vue après avoir assisté à la fête du saint patron. Mais il était toujours perclus de tous ses membres, et il dut continuer son ancien genre de vie, jusqu'à l'année suivante. Alors, étant revenu à la fête de saint Martin, il reçut la guérison complète de toutes ses infirmités.

CHAPITRE IX.

MORTS ET MOURANTS.

On se rappelle le miracle que le Bienheureux fit de son vivant, en faveur de cette pauvre mère qui était accourue près de lui, aux environs de Chartres, pour lui présenter le cadavre de son nouveau-né. Un fait du même genre se passa au tombeau du Saint pendant que saint Grégoire était évêque de Tours. Voici comment notre pieux historien raconte la chose.

Une mère n'ayant pu nourrir son enfant, l'avait confié à une nourrice étrangère, dont le lait était insuffisant. Le pauvre petit dépérissait à vue d'œil. Cependant il survécut un an à sa mère qui était morte peu de temps après lui avoir donné le jour; mais il finit par devenir lui-même tellement malade, qu'il n'y avait aucun espoir de le conserver. Le pauvre père était dans la désolation; c'était son fils unique, le seul souvenir qui lui fût resté de son épouse bien-aimée. Comme l'enfant n'était pas encore baptisé, il le porta à l'église. Il était temps. Le pauvre petit semblait n'avoir plus qu'un souffle de vie; ses yeux se creusaient, et ses paupières n'avaient plus la force de s'ouvrir. Son père, voyant

11

que tout remède humain est désormais inutile, dépose le petit moribond sur le tombeau de saint Martin.

Le miracle demandé ne se fit pas attendre. A peine les vêtements de l'enfant avaient-ils touché la nappe du tombeau qu'on le vit revenir à la vie; ses joues déjà flétries par les pâleurs de la mort reprennent peu à peu leur teinte vermeille, il respire, ses yeux s'ouvrent à la lumière, et l'heureux père emporte à sa maison son enfant guéri.

Le divin Maître a dit: « Celui qui croit en moi fera les miracles que j'ai faits et de plus grands encore. » Voici un fait qui paraît bien être un accomplissement de cette promesse. Notre Seigneur sur la croix n'avait pas rendu la liberté et la vie au larron qui implorait son secours; il s'était contenté de lui donner, avec le pardon de ses crimes, l'assurance qu'il serait reçu dans le séjour des bienheureux; mais ce qu'il n'a pas fait lui même, il a donné à son serviteur le pouvoir de le faire en son nom dans les circonstances suivantes:

Un voleur avait été, pour ses crimes, condamné à être pendu. Après lui avoir infligé une rude flagellation, suivant l'usage de l'époque, les exécuteurs le conduisirent, les mains liées derrière le dos, usqu'au lieu du supplice. Arrivé là, le condamné demanda quelques instants pour recommander son âme à Dieu, ce qui lui fut accordé. Alors, se prosternant la face contre terre, il implora le secours de saint Martin. Il ne demandait pas que par un miracle le bienheureux thaumaturge le délivrât de la mort, sans doute il se jugeait indigne d'une si grande faveur, mais seulement qu'il voulût bien lui obtenir pour l'autre monde le pardon de ses offenses.

Quand le condamné eut fini sa prière, les exécuteurs accomplirent leur besogne; puis ils se retirèrent, croyant que le pendu était bien mort, ou du moins qu'il ne tarderait guère à mourir. Il n'en fut rien. A peine étaient-ils partis que les pieds et les mains du pendu se délièrent d'eux-mêmes. Cependant il restait toujours pendu, et ne pouvait faire autre chose que de prier intérieurement son céleste protecteur de lui continuer son assistance. Saint Martin ne le délaissa pas; au bout de deux jours, une religieuse, avertie surnaturellement d'aller au lieu de l'exécution, y trouva le pendu respirant encore; elle le décrocha et le conduisit à l'église voisine pour rendre grâce à Dieu de cette délivrance toute miraculeuse.

L'ancien malfaiteur fut bien vite reconnu.

— Comment donc se fait-il qu'il soit encore en vie? demandait-on avec étonnement.

— C'est le bienheureux Martin qui m'a délivré de la mort, et conduit jusqu'ici, répondait-il.

Il est probable que la justice des hommes ne se montra pas plus sévère que la justice de Dieu, et qu'elle aussi pardonna au malfaiteur ses crimes antérieurs, car cet homme vivait encore en pleine liberté, lorsque saint Grégoire écrivait son histoire.

Un autre pendu dut également son salut à l'intercession du Bienheureux. Cet homme avait dans sa vie antérieure commis bien des crimes; mais il s'en était repenti, et il en faisait une sincère pénitence, lorqu'il fut saisi par la justice humaine sous un faux prétexte et condamné à être pendu. La sentence fut exécutée; mais le condamné ayant invoqué le secours du saint confesseur, la corde se rompit, et il tomba par terre, sans avoir aucun mal. On ne vit probablement là qu'un accident: on le pendit de nouveau.

Cependant l'abbé d'un monastère voisin, ayant su ce qui s'était passé, courut à trois milles de là trouver le comte du pays, afin d'implorer la grâce du malheureux, que saint Martin avait déjà une première fois délivré de la mort. Il l'obtint et revint en toute hâte au lieu de l'exécution.

Le pendu vivait encore, ce qui était un vrai miracle, vu le temps qu'il avait dû rester là. On le détacha et il suivit l'abbé jusqu'à son monastère, disant à qui voulait l'entendre qu'il avait senti la puissance du bienheureux saint Martin, à qui il devait sa délivrance.

Vers l'année 567, des ambassadeurs du roi des Goths d'Espagne, envoyés en France à l'occasion du mariage de Galswinthe, fille de leur roi et sœur de Brunehaut, avec Chilpéric roi des Francs de Neustrie, passèrent à Tours, où ils furent reçus à la table de saint Grégoire. Pendant le repas, l'un des ambassadeurs nommé Florent, demanda à connaître quelque fait relatif à la puissance miraculeuse de saint Martin.

— Est-ce que dans votre pays, demanda l'évêque, on connaît saint Martin? Sa vie est-elle lue par quelques habitants (1)?

— Certainement, reprit Florent. Son nom est en très-grande vénération parmi nous ; et même je puis ajouter que je suis protégé de votre illustre patron.

Puis l'ambassadeur raconta ce qui suit.

— Mon grand père, dit-il, avait construit une basilique en l'honneur de saint Martin. Quand elle fut terminée et enrichie de magnifiques ornements il envoya des clercs à Tours pour en rapporter des reliques du saint pontife. Il venait ensuite chaque jour dans cette église avec son épouse, pour implorer le secours du Bienheureux. Longtemps après ils eurent un fils (1), qui tomba malade trois mois après sa naissance, et en vint bientôt à refuser toute nourriture, de sorte qu'on n'espérait plus rien de lui ; et en effet, au bout de quelques jours, il mourut. Alors la mère ou la grand-mère de l'enfant toute triste de cette mort qui lui enlevait son fils unique, porte le petit corps inanimé devant l'autel de saint Martin, et l'y dépose en faisant cette naïve et fervente prière :

« Nous espérions, bienheureux Confesseur, que

---

(1) Les Goths étaient pour la plupart ariens. Cependant les ambassadeurs envoyés à Chilpéric étaient catholiques.

(2) Cet enfant devait être le père du narrateur.

vos reliques apportées ici chasseraient la maladie,
éteindraient les fièvres, dissiperaient les ténèbres de
la cécité et guériraient tous les maux; car on lit
bien des choses semblables, que vous avez faites de
votre vivant et que vous faites encore depuis votre
mort. Nous avons entendu dire en effet que vous
avez ressuscité des morts par votre prière, chassé la
lèpre par un baiser, guéri un énergumène par un
mot, fait sortir le poison avec le doigt et beaucoup
d'autres choses merveilleuses. Eh bien ici encore
éclatera votre puissance, si, comme nous l'espérons
vous ressuscitez cet enfant, si vous ne le faites pas,
nous ne viendrons plus nous prosterner ici; nous
n'allumerons plus de cierges en votre honneur, ni
ne vous rendrons d'autres hommages. »

Ayant ainsi parlé elle laisse le corps devant l'autel, et s'en va, ainsi que les personnes qui l'avaient
accompagnée.

Or le lendemain matin, en entrant dans l'église,
on s'aperçut que l'enfant avait changé de position : il se trouvait tourné vers l'autel. Sa mère
s'approche, le prend dans ses bras, et s'apercevant
qu'il respire, elle lui donne le sein, que l'enfant
prit très-bien. Il n'y avait plus qu'à remercier Dieu
et le saint thaumaturge; les heureux parents le
firent en ces termes : « C'est maintenant Seigneur
que nous reconnaissons que vous êtes le Dieu grand
et qui seul faîtes de merveilles, puisque vous nous
avez rendu notre enfant à la prière de votre Confesseur. »

CHAPITRE X.

LES PRISONNIERS DÉLIVRÉS.

Le pieux lecteur n'a pas oublié avec quelle tendre sollicitude le Bienheureux, pendant qu'il était encore sur la terre, défendait les malheureux contre l'injuste sévérité des puissants de ce monde. Après sa mort il continua à délivrer des mains de leurs oppresseurs les innocents qui avaient recours à lui, quelquefois même des coupables, qui n'avaient d'autre titre à sa bienveillance que leur sincère repentir. En voici quelques exemples, pris au hasard parmi beaucoup d'autres.

Une jeune fille née de parents affranchis (1), et par conséquent libre elle-même, fut injustement réduite en servitude par les fils du patron qui avait rendu la liberté à ses parents. Et comme elle ne voulait pas se plier à cette injustice et refusait de travailler pour ses oppresseurs, ceux-ci l'enchaînèrent et lui mirent des entraves aux pieds. Sur ces entrefaites arriva la fête du Bienheureux. La pauvre esclave était désolée de ne pouvoir se rendre comme les autres à l'office, et elle pleurait amè-

---

(1) Affranchi : esclave à qui on a rendu la liberté.

rement , lorsque tout-à-coup la poutre à laquelle ses pieds étaient attachés se rompit d'elle-même. Libre alors, quoique toujours chargée de chaînes, elle court jusqu'à la sainte basilique. A peine ses pieds en avaient-ils touché le seuil, que ses chaînes tombèrent d'elles-mêmes, et ses injustes oppresseurs n'osèrent plus réduire de nouveau en servitude celle que saint Martin avait si merveilleusement mise en liberté.

Un homme avait été condamné à la prison par le tribunal de Tours. Pendant qu'il subissait sa peine, les fêtes de Pâques approchant , le juge ordonna qu'il fût transféré dans une autre prison. Il fallait pour cela traverser la Loire. Le prisonnier, la chaîne au cou, et les mains liées derrière le dos, fut donc conduit sur les bords du fleuve, où une barque devait le prendre pour le transporter sur l'autre rive. Tandis qu'on préparait l'embarcation, le malheureux se recommandait à saint Martin. Ce ne fut pas inutilement ; car tout-à-coup les gardes qui le conduisaient se sentirent comme frappés à la tête par une main invisible, et ils tombèrent la face contre terre. En même temps le prisonnier voyait ses chaînes tomber et les courroies qui attachaient ses mains se délier d'elles-mêmes. Il profita de la liberté qui lui était rendue pour laisser là ses gardes encore couchés par terre et se réfugier dans l'église. On lui laissa la liberté, d'autant plus qu'on apprit que, dans le même temps, des prisonniers détenus dans la ville de Poitiers avaient été également délivrés d'une manière miraculeuse.

Voici un autre fait du même genre qui se passa également à Tours en présence de saint Grégoire. Le pieux évêque en fait honneur à saint Martin, mais peut-être cette fois encore pourrait-on dire que ses propres mérites ne furent pas étrangers à ce prodige. Quoi qu'il en soit, voici comment il raconte la chose :

Un homme injustement accusé avait été condamné à la prison, et on le conduisait à travers la ville, lié avec des courroies, au lieu où il devait subir sa peine. Lorsqu'il fut arrivé en face de la basilique de saint Pierre, se mains se délièrent.

— Vous voyez bien, dit-il à ses gardiens, que je suis innocent, puisque la puissance divine a délié mes mains.

Mais ce premier prodige, loin de toucher les gardiens, ne fit que les mettre en fureur. Ils lièrent leur prisonnier plus étroitement que la première fois, et ajoutèrent même un nouveau lien aux précédents. Or, pendant que le condamné s'avançait ainsi garrotté, saint Grégoire, sortant de la basilique de saint Martin, vint à passer par là, et en sa présence, aussitôt que le prisonnier eut aperçu la basilique du saint confesseur, nous dit le pieux évêque, pour qu'on ne lui attribue pas ce prodige, ses mains se délièrent de nouveau. Il sauta du cheval sur lequel il était monté, et se jetant aux pieds de l'é-

vêque, il protesta qu'il avait été injustement condamné. Saint Grégoire alla trouver le juge et fit
révoquer la sentence.

CHAPITRE XI.

LA SANCTIFICATION DU DIMANCHE

A toutes les époques l'amour excessif des biens temporels a malheureusement poussé les hommes à négliger la grande loi de la sanctification du septième jour. Dieu, qui tient d'une manière toute particulière à l'accomplissement de cette loi, l'a souvent rappelée à ses serviteurs, lorsqu'ils étaient tentés de l'oublier. Il faisait avertir les Juifs par les prophètes, déchaînant sur eux les fléaux les plus terribles lorsqu'ils ne se rendaient pas à ses avertissements. Il avertit encore de nos jours les chrétiens par ses ministres, et de temps en temps par des prodiges, qui, sans être assez fréquents pour ôter à l'homme sa liberté, le sont suffisamment pour lui montrer combien Dieu, son Seigneur et Maître, tient à ce qu'on n'enfreigne pas cette obligation.

Du temps de saint Grégoire de Tours, cette malheureuse tendance de sacrifier Dieu à l'argent existait comme de nos jours, et nous avons vu au chapitre IX qu'une des fautes qui attiraient la vengeance du Ciel sur les chrétiens de cette époque, c'était le travail du Dimanche. Plusieurs prodiges eurent lieu alors, dans lesquels notre Bienheureux joua le rôle d'intermédiaire entre Dieu et l'homme coupable.

Un chrétien peu dévot ne craignit pas d'aller moudre son blé au moulin le jour même de Pâques. Il tournait la meule au moyen d'une manivelle. Tout alla bien jusqu'à la fin ; mais quand il eut terminé sa besogne, et qu'il voulut s'en aller, ses mains crispées contre le bois refusèrent de s'ouvrir : il fallut couper la manivelle. Il vint ainsi à la basilique de saint Martin, tenant toujours la preuve de sa faute. Il obtint sa délivrance.

Mais, l'année suivante, il recommença et fut puni de la même manière. Il vint de nouveau à l'église, demandant avec larmes au saint confesseur d'intercéder encore pour lui. Cette fois le Ciel ne fut pas aussi facile ; le bois resta fixé dans les mains du coupable : ce ne fut qu'un an après qu'il fut pour la seconde fois guéri, en venant au tombeau du Saint.

Un autre, nommé Sénator, avait fait une clef le dimanche. En punition de cette faute, Dieu permit que ses doigts se fermassent et qu'il lui fût impossible de les ouvrir. Il resta dans cet état pendant quatre mois, durant lesquels le mal ne fit qu'empirer. Les ongles entraient dans la paume des mains et les chairs commençaient à se corrompre. Alors il alla demander à saint Martin sa protection. Pendant quatre jours il resta en prière au tombeau du Bienheureux, cherchant par le jeûne à apaiser la justice divine. Le quatrième jour il fut guéri, et dès-lors il devint un zélé prédicateur du respect du Dimanche.

Le jour de la Saint-Jean-Baptiste, qui était alors une fête d'obligation, pendant que les fidèles se rendaient à l'église, une femme de Tours s'en allait aux champs avec un sarcloir pour arracher les mauvaises herbes. Il faut croire que cet usage de travailler les jours de fête n'était pas encore passé en coutume, car saint Grégoire nous dit que cette femme faisait cela en secret. Elle ne devait pas rester longtemps impunie : à peine avait-elle commencé son travail que sa figure devint toute pourpre et se couvrit de boutons très-douloureux. Sa honte n'était guère moins grande que ses souffrances corporelles, car tout le monde allait connaître la faute qu'elle aurait voulu cacher. Elle courut tout en larmes se réfugier dans la basilique de saint Martin. Pendant quatre mois on la vit se prosterner devant le tombeau du Bienheureux. Au bout de ce temps elle fut guérie.

La même chose arriva au serviteur d'un habitant du territoire de Tours. Il travaillait à une haie un jour de Dimanche, lorsque tout-à-coup il sent que sa main droite s'attache à une branche ; il la retire vivement, mais non sans douleur. Ses doigts se contractent, et étant ainsi devenu incapable de continuer sa besogne, il rentre à la maison, tout triste de cet accident. Ce ne fut que quatre ans après qu'il fut guéri en venant à la basilique du

Saint. Après cela cet homme ne manquait pas d'exorter les habitants des campagnes à ne pas souiller par leur avarice le jour où Notre Seigneur est ressuscité, et à ne pas rendre inutile par un travail servile le mystère de notre Rédemption.

Une femme, ayant pétri son pain le jour du Samedi-Saint, le mit au four après le coucher du soleil, ce qui alors était défendu (1). Après avoir enfourné le premier pain, elle ressentit une douleur au bras. Elle continua néanmoins, mais au troisième pain, elle s'aperçut que sa main adhérait au manche de la pelle. Comprenant alors que la justice divine la punissait de son œuvre servile, elle agita brusquement la pelle ; mais elle ne put échapper à la punition que méritait sa faute : ses mains se contractèrent, et elle n'obtint sa guérison qu'après avoir été prier au tombeau de saint Martin, et s'y être engagée par vœu à venir une fois par semaine dans la basilique, pour y consacrer son temps au service de Dieu et du saint patron. Elle accomplit fidèlement cette promesse pendant un an ; mais après ce temps, ayant négligé de venir à l'église une semaine, elle en fut sévèrement punie ; car elle se sentit subitement frappée d'aveuglement. Aussitôt de courir au saint

(1) Pendant longtemps les fidèles ont eu l'habitude de passer à l'Eglise la plus grande partie de la nuit du samedi au Dimanche de Pâques. D'après ce que saint Grégoire dit ici, cette coutume devait être obligatoire de son temps, ou du moins les travaux serviles devaient être interdits à partir du coucher du soleil.

tombeau où elle fit pénitence de sa faute pendant huit jours, après quoi le sang coula de ses yeux et elle recouvra la vue.

Un homme de Bourges, ayant du foin coupé dans les champs, voulut le rentrer le Dimanche, per crainte de la pluie. Il attela donc ses bœufs le matin, et chargea le foin sur son chariot. Mais une violente douleur, qu'il ressentit au pied, l'empêcha d'achever son travail, et il rentra chez lui. Après la messe, il attelle de nouveau ses bœufs, achève de charger son foin, et se dispose à partir. Mais voici qu'il ressent aux yeux une vive douleur, comme si on les eût piqués avec des aiguilles. Enfin ils se ferment : il est aveugle ! Il resta ainsi pendant un an, après quoi étant venu à Tours, pour la fête de saint Martin, il obtint sa guérison.

CHAPITRE XII.

SAINT GRÉGOIRE DE TOURS GUÉRI DE PLUSIEURS MALADIES.

Saint Grégoire de Tours, que nous avons déjà vu guérir une première fois d'une manière toute miraculeuse, en venant au tombeau de saint Martin, éprouva encore plus d'une fois pendant son épiscopat la vertu de son prédécesseur. Saint Martin était en quelque sorte son médecin ordinaire ; c'est à lui qu'il avait recours lorsque la science ne pouvait rien pour le soulager, et saint Martin le guérissait, ainsi qu'il le fit dans les circonstances suivantes.

Pendant la première année de son épiscopat, deux mois seulement après son ordination, saint Grégoire se trouvant à la campagne fut atteint d'une violente dyssenterie, qui mit bientôt ses jours en péril : son estomac refusait toute nourriture ; et bientôt sa faiblese devint telle, qu'il semblait ne plus être soutenu que par la fièvre. Cependant on avait essayé de tous les remèdes usités en pareil cas, et rien n'avait pu soulager le malade : la mort était imminente.

Dans cette extrémité, saint Grégoire appela une dernière fois son médecin.

— Vous voyez, lui dit-il, que vous avez inutilement dépensé pour ma guérison tous les secrets de votre art, essayé de tous les médicaments. Je n'ai plus qu'une chose à faire: je vais vous indiquer un remède très-efficace. Faites-moi apporter de la poussière du tombeau de saint Martin ; vous en ferez une potion, et si cela ne me guérit pas, il ne me restera plus aucun espoir.

Un diacre fut donc envoyé au tombeau du Bienheureux, et il en rapporta de la poussière que le pieux évêque but en guise de potion. Il s'en trouva si bien qu'à midi, c'est-à-dire trois heures après avoir pris ce médicament d'un nouveau genre, il put se mettre à table avec les autres et manger comme s'il n'eût jamais été malade.

Le fait que nous venons de raconter a été placé par saint Grégoire en tête de son second livre sur les miracles de saint Martin. Le pieux évêque terminait ce livre, la huitième année de son épiscopat, et il y avait déjà raconté cinquante-neuf miracles accomplis depuis qu'il était évêque de Tours ; or il voulait en raconter soixante, ce qui, avec les quarante du premier livre aurait complété le nombre de cent. Pendant qu'il songeait à cela, il fut atteint tout-à-coup d'un violent mal de tête à la tempe gauche. Les veines de ce côté étaient gonflées d'une manière extraordinaire et le faisaient beaucoup souffrir. Après avoir enduré cette douleur un jour et une nuit, il alla au tombeau du Saint, et après une prière fervente, il toucha avec le voile du tombeau la partie malade, ce qui le guérit immédiatement.

Mais, trois jours plus tard, le même mal le reprit du côté droit. Il y appliqua le même remède et fut encore guéri.

Dix jours plus tard il se fit saigner, et quelque temps après la pensée lui vint que le mal qu'il avait éprouvé auparavant, venait probablement d'un excès de sang, et que, s'il s'était fait saigner plus tôt, cela ne serait pas arrivé; mais cette pensée ne resta pas longtemps dans son imagination; car le même mal le prit de nouveau, et cette fois il embrassa toute la tête. Le pieux évêque courut au tombeau, et son saint patron le guérit encore une fois. Il devint ainsi évident pour saint Grégoire que sa guérison n'avait rien de naturel, et le soixantième miracle qu'il cherchait était trouvé.

C'est encore par un miracle dont il fut l'objet que notre pieux historien commence son troisième livre.

Un jour de jeûne, nous dit-il, on me servit un poisson que je mangeai après avoir fait dessus le signe de la croix. Une arête me resta dans la gorge et l'obstrua tellement, que bientôt je ne pus parler ni même avaler ma salive. Je toussais, je crachais pour tâcher de faire sortir cette arête, tout cela était inutile. Enfin au bout de trois jours j'eus recours à mon remède habituel. J'allai au saint tombeau, et, prosterné sur le pavé, j'implorai le secours du saint confesseur, puis je touchai avec le voile du tombeau ma gorge et toute ma tête. Aussi-

tôt je fus guéri ; et, avant de sortir de l'église, je
n'éprouvais plus aucun malaise. Quand à dire ce
que cette arête est devenue, je n'en sais rien. Je
ne l'ai pas rejetée par la bouche, et je n'ai pas
senti que je l'avais avalée. Tout ce que je puis dire,
c'est que ma guérison fut si prompte, qu'on eût
dit que quelqu'un m'ôtait avec la main le mal dont
ma gorge était gravement atteinte.

CHAPITRE XIII.

LES PARJURES PUNIS.

Malgré les miracles nombreux qui s'opéraient pour ainsi dire continuellement au tombeau de saint Martin, tout le monde n'avait pas pour ce lieu béni le respect qu'il méritait : mais Dieu savait défendre les droits de son serviteur, et ce n'était pas impunément qu'on profanait son sanctuaire, ou qu'on se servait de son nom pour tromper les hommes. On le savait bien ; aussi les puissants de ce monde, à une époque où trop souvent on ne reconnaissait d'autre droit que la force, n'osaient-ils atteindre leurs victimes jusque dans la sainte basilique ni enfreindre le serment qu'ils avaient fait sur les reliques de saint Martin. Saint Grégoire raconte à ce sujet l'histoire suivante.

En l'année 584 se trouvait à Tours, où il logeait dans un appartement renfermé dans l'enceinte de la basilique (1), un ancien chambellan nommé

---

(1) Cette enceinte comprenait, outre la basilique, plusieurs habitations qui jouissaient de l'immunité accordée à l'église elle-même. Ces habitations servaient d'asile soit aux religieux, soit aux personnes qui, comme Ebérulfe venaient chercher un refuge aux pieds du saint tombeau.

Ebérulfe. Ce personnage était accusé d'avoir assassiné le roi Chilpéric, et le frère de ce prince, Gontran, roi de Soissons et d'Orléans, avait juré qu'il vengerait cette mort sur le meurtrier et ses descendants jusqu'à la neuvième génération, afin, disait-il, d'abolir par cette punition exemplaire l'habitude de tuer les rois. C'est pourquoi Ebérulfe s'était réfugié dans la basilique de saint Martin. Cet homme du reste, qu'il fût ou non coupable du crime dont on l'accusait, était fort peu digne de la protection du Saint. Pendant qu'il était en liberté, il ne s'était pas gêné de piller les biens appartenant à la sainte basilique, et depuis qu'il s'était mis sous la sauvegarde du saint confesseur, sa conduite ne valait guère mieux. Il menait une vie de débauche troublait les offices, injuriait, battait les religieux, et menaçait de les tuer, si jamais on cherchait à le tirer de l'enceinte. Saint Grégoire souffrait tout cela avec une grande patience. Un jour il raconta à ce furieux un songe qu'il avait eu à son sujet.

« Il me semblait, lui dit-il, que je me trouvais dans la basilique en train de célébrer les saints Mystères. On venait de couvrir avec la pale les offrandes des fidèles (1) lorsque je vis tout-à-coup entrer le roi Gontran, qui criait à voix haute:

(1) Au moment de l'offertoire, le prêtre prenait parmi les offrandes du pain et du vin en quantité suffisante pour le saint sacrifice et la communion des fidèles et couvrait le tout avec un voile de soie, nommé *palla*.

Faites sortir l'ennemi de ma famille ; arrachez de l'autel cet homicide. En entendant cela, je me tournai vers vous, et je vous dis : Pauvre malheureux, prenez le voile qui recouvre les offrandes, de peur qu'on ne vous arrache d'ici. Vous le preniez ; mais vous ne le teniez pas bien, vous le quittiez même. Alors j'étendis mes mains vers le roi, j'opposai ma poitrine à la sienne : Ne chassez pas cet homme de la sainte basilique, lui disais-je, de peur que votre vie ne soit en danger et que vous ne perdiez la protection du saint évêque. Ne vous blessez pas par vos propres armes. Cette action en effet vous ferait perdre à la fois la vie présente et la vie éternelle.

« Et comme le roi me résistait, vous quittiez le voile de l'autel et vous vous mettiez à ma suite. Puis, ne pouvant supporter ma présence, vous retourniez à l'autel, repreniez le voile pour le quitter de nouveau. Tout ceci me remplit de frayeur et je m'éveillai, ne sachant pas ce que peut signifier ce songe. »

— Votre songe, répondit l'impie Ebérulfe, ne manque pas de vérité, car il concorde parfaitement avec ma propre pensée.

— Eh ! quelle est cette pensée ? demanda l'évêque.

— Je pense, reprit l'autre, que si le roi ordonne qu'on me fasse sortir d'ici, je prendrai d'une main le voile de l'autel, et de l'autre je tirerai mon épée pour vous tuer, vous premièrement, et ensuite tous les clercs que je pourrai rencontrer. Après cela je mourrai sans regret, si je puis d'abord me venger sur les clercs de ce saint.

On reconnaît dans ces paroles un de ces hommes dont le cœur est rongé par la haine de Dieu et de sa religion, haine aveugle, diabolique, que rien ne justifie et que les bienfaits ne font qu'envenimer davantage.

Cet impie ne méritait pas de jouir plus longtemps de la protection du bienheureux saint Martin. Un jour arriva à Tours un envoyé du roi Gontran. Il se nommait Claudius. « Va, lui avait dit le monarque, si tu parviens à faire sortir Ebérulfe de la basilique, et à le tuer ou à l'enchaîner, je te récompenserai magnifiquement. Mais surtout prends bien garde de manquer au respect dû à ce saint lieu. »

La commission était du goût de Claudius, qui était enchanté de trouver une si belle occasion de s'enrichir. Il partit donc immédiatement pour Tours, en passant par Paris, où se trouvait Frédégonde, veuve de Chilpéric, et que l'histoire accuse d'avoir elle-même fait mourir son mari. Frédégonde était l'ennemie personnelle d'Ebérulfe : c'était même elle qui l'avait accusé auprès de Gontran. Claudius n'ignorait pas ce détail, et il espérait se faire payer deux fois le meurtre qu'il était résolu de commettre. « Si je puis la voir, se disait-il, peut-être me donnera-t-elle quelque chose. » Il ne se trompait pas : Frédégonde paya généreusement celui qui promettait de la débarrasser de son ennemi.

Cependant, à mesure qu'il approchait de Tours, Claudius, commençait à ressentir quelques appréhensions. Superstitieux comme le sont généralement les hommes peu instruits, il consultait les augures et les augures ne lui étaient pas favorables. Il craignait que saint Martin ne le punît du crime qu'il méditait ; car, malgré les recommandations de Gontran, il était bien résolu d'arriver à ses fins, dût-il pour cela profaner la basilique. « Est-ce que la puissance de saint Martin se manifeste dès cette vie contre les parjures ? demandait-il. Si quelqu'un fait tort à ceux qui espèrent en lui, en sont-ils immédiatement punis ? »

Néanmoins il arrive à Tours, fait poster autour de la basilique cinquante hommes armés, avec ordre de se saisir d'Ebérulfe s'il met les pieds au dehors de l'enceinte sacrée. Lui-même va trouver l'ancien chambellan, et cherche à capter sa confiance en lui jurant par ce qu'il y a de plus sacré, la vertu de saint Martin, qu'il n'a pas d'ami plus dévoué, plus capable que lui de plaider sa cause auprès du roi.

Ebérulfe crut à des serments, regardés alors comme sacrés par les hommes les moins religieux, et vécut sans défiance avec Claudius. Mais le lendemain de son arrivée, ce dernier trouva moyen d'accomplir son perfide dessein. Ayant témoigné à Ebérulfe le désir de goûter de son vin, celui-ci s'empressa d'envoyer ses domestiques l'un après l'autre chercher différentes espèces de vin. C'était le moment que le traître attendait.

— Bienheureux Martin, dit-il en levant la main vers la basilique, fais que je revoie bientôt ma femme et mes parents.

Le malheureux méditait un crime, et cependant il redoutait la puissance de saint Martin. Peut-être d'ailleurs cette invocation n'était-elle qu'un signal, ou un moyen de donner le change à sa victime sur ses intentions du moment. Quoi qu'il en soit, un de ses serviteurs, doué d'une grande force musculaire, saisit alors Ebérulfe par derrière, et l'ayant renversé par terre il présentait sa poitrine à Claudius. Celui-ci tira alors son glaive; mais Ebérulfe dont les mouvements n'étaient pas complétement neutralisés par l'homme qui le tenait renversé, en fit autant de son côté, et lorsque Claudius le frappa à la poitrine, lui-même blessa son ennemi à l'aisselle et lui coupa le pouce en retirant son arme. Mais aussitôt les gens appostés par l'assassin accoururent avec des épées nues et achevèrent Ebérulfe. Saint Martin n'avait pas sauvegardé les jours de celui qui s'était montré si indigne de sa protection.

Quant à Claudius, au lieu de se sauver aussitôt qu'il eut accompli son crime, il fut saisi d'une frayeur dont ces sortes de gens ne sont guère habituellement susceptibles : il se réfugia dans la cellule de l'Abbé, essayant à son tour de se mettre sous la protection du Saint dont il avait si indignement violé le sanctuaire. Mais cet asile ne devait pas lui être plus utile à lui-même qu'il ne l'avait été à sa malheureuse victime.

— Il vient de se commettre un grand crime, dit-il à l'abbé, si vous ne nous protégez nous sommes perdus.

Pendant qu'il parlait ainsi, les serviteurs d'Ebérulfe accoururent armés d'épées et de lances, et trouvant la porte fermée, ils le tuèrent en lui lançant des javelots par les fenêtres. Puis ils brisèrent les portes pour atteindre ses gens, qui se cachaient dans les coins et sous les lits. Pendant ce temps-là, les pauvres de la matricule s'ameutaient à leur tour, et à coups de pierre assommaient les impies qui avaient osé commettre dans le lieu saint un crime jusqu'alors inouï. Les cadavres des victimes furent jetés en dehors de l'enceinte où leurs parents purent venir les chercher pour les ensevelir.

Ainsi avaient péri l'un par l'autre ces deux impies, qui méritaient si bien tous les deux les châtiments du ciel.

Arrêtons-nous ici ! car aussi bien nous ne saurions tout dire, et terminons en souhaitant que ce simple récit des merveilleuses actions du plus populaire de nos saints puisse augmenter la confiance des fidèles en l'illustre thaumaturge. Hélas ! de nos jours on ne prie plus beaucoup les saints : c'est un tort ; car leur puissance n'est pas diminuée. Ce qu'ils ont pu en faveur de nos ancêtres, pourquoi ne le pourraient-ils pas en notre faveur ? Ames pieuses qui lisez ceci, invoquez donc avec confiance le grand saint Martin. Cependant ne lui demandez pas trop les biens temporels : il ne les estimait

guère pendant qu'il était en ce monde, et sans doute
son mépris pour eux n'a fait que s'accroître, depuis
qu'il en voit mieux le néant dans le sein de Dieu;
mais demandez-lui les biens spirituels infiniment
plus précieux; demandez-lui qu'il augmente en
vous la Foi, et qu'il la donne aux infortunés, si
nombreux aujourd'hui, que l'incrédulité du siècle
a atteints de son souffle empesté.

———

NOTICE

SAINT BRICE

Le pieux lecteur ne sera sans doute pas fâché de savoir ce que devint ce pauvre Brice, qui avait si bien exercé la patience de notre Bienheureux. Saint Martin lui avait prédit qu'il serait son successeur, mais qu'il aurait beaucoup à souffrir pendant son épiscopat. En effet, après la mort du Saint, Brice fut élu évêque de Tours. Il était bien changé de ce qu'il avait été autrefois, et pendant plusieurs années il exerça les fonctions de son ministère avec un zèle et une piété qui ne laissaient prise à aucune accusation. Cependant il avait des ennemis, et dès les premiers temps de son épiscopat il fut soumis à bien des épreuves, qui n'étaient rien toutefois en comparaison de ce qu'il eut plus tard à souffrir d'une calomnie, qui prit tout-à-coup consistance dans la population de Tours. Voici le fait tel qu'il nous est raconté par saint Grégoire de Tours.

La trente-troisième année de son ordination, une femme qui portait l'habit religieux devint enceinte. Or cette femme lavait habituellement les vêtements de l'évêque; il n'en fallut pas d'avantage pour que la voix publique accusât ce dernier, et ce bruit prit bientôt une telle consistance qu'on voulait le lapider.

— Pendant longtemps, disait-on, la piété du Saint a couvert ta luxure, mais Dieu ne veut pas que nous nous souillions davantage en baisant tes mains indignes.

Brice protestait de son innocence.

— Apportez-moi l'enfant, dit-il.

On le lui apporta. Il était alors âgé de trente jours.

— Je t'adjure par Jésus-Christ, Fils du Dieu vivant, lui dit l'évêque, de dire devant tout le monde si c'est moi qui t'ai engendré.

— Non, vous n'êtes pas mon père, répondit l'enfant.

— Demandez-lui donc qui est son père, disait le peuple.

Mais Brice répondit :

— Cela ne me regarde pas; je me suis occupé de ce qui me concernait; si vous voulez en savoir davantage, demandez-le vous-mêmes.

Après ce miracle il semble que la calomnie eût dû tomber d'elle-même. Il n'en fut rien : on prétendit que tout cela n'était que de la magie, et on criait :

— Tu ne nous domineras pas davantage sous le faux titre de pasteur.

Alors Brice fit un nouveau miracle : il prit dans ses vêtements des charbons ardents, et les pressant contre son sein, il les porta ainsi jusqu'au tombeau de saint Martin, suivi d'une foule de peuple. Arrivé au tombeau, il jeta les charbons et montra ses vêtements, qui ne portaient aucune trace de brûlure.

Le peuple ne fut pas encore convaincu, et Brice honteusement chassé fut obligé de quitter son siége épiscopal. Ainsi s'accomplissait la seconde partie de la prédiction de saint Martin, qui annonçait à son successeur de grandes tribulations.

Brice, tout désolé, se retira à Rome auprès du Pape.

— C'est avec justice que je souffre, disait-il, en versant des larmes de repentir, car j'ai péché contre le Saint de Dieu, en l'appelant fou et insensé, et en refusant de reconnaître ses vertus.

Cependant, à Tours, on avait élu un autre évêque en remplacement de Brice. Il se nommait Justinien. Les diocésains l'engagèrent à aller à Rome, pour y remplir les fonctions d'accusateur contre leur évêque.

— Si vous ne partez pas à sa suite, lui dirent-ils, vous recevrez une humiliation qui retombera sur nous.

Justinien partit en effet; mais Dieu permit qu'il ne pût parvenir jusqu'à Rome : il fut subitement frappé de mort en arrivant à Verceil. Les Tourangeais élurent à sa place un nommé Armentius, et persévérèrent dans leur erreur au sujet de Brice.

Quant à ce dernier, il vécut pendant sept ans

auprès du Pape, jouissant de l'estime de tous, car on avait facilement reconnu son innocence, et ne cessant de gémir sur sa conduite antérieure à l'égard de son vénéré maître. Au bout de ce temps, Brice prit congé du Pape et se mit en chemin pour rentrer dans sa ville épiscopale. Il s'arrêta à trois lieues de Tours, dans un bourg nommé Mont-Louis. Pendant qu'il s'y trouvait, Armentius fut saisi d'une fièvre subite et mourut durant la nuit. Brice ayant été averti miraculeusement de ce fait, dit à ses compagnons :

— Levons-nous vite, pour aller assister aux funérailles de notre frère, le pontife de Tours (1).

En effet, les voyageurs entrèrent à Tours au moment où le convoi funèbre en sortait par une autre porte.

Après l'enterrement d'Armentius, Brice rentra dans sa cathédrale sans aucune opposition de la part du peuple qui était enfin revenu de son erreur, et il y exerça encore son ministère pendant sept ans, sans éprouver de nouvelles tribulations.

---

(1) Quoique Brice donne ici à Armentius le titre de pontife, l'église de Tours ne le place pas au nombre de ses évêques. De fait il ne pouvait l'être, le véritable évêque étant toujours Brice.

TABLE DES MATIÈRES

LIVRE PREMIER.

SAINT MARTIN AVANT SON ÉPISCOPAT.

LIVRE DEUXIÈME.

LE MONASTÈRE DE MARMOUTIERS.

LIVRE SIXIÈME.

LE TOMBEAU DE SAINT MARTIN.

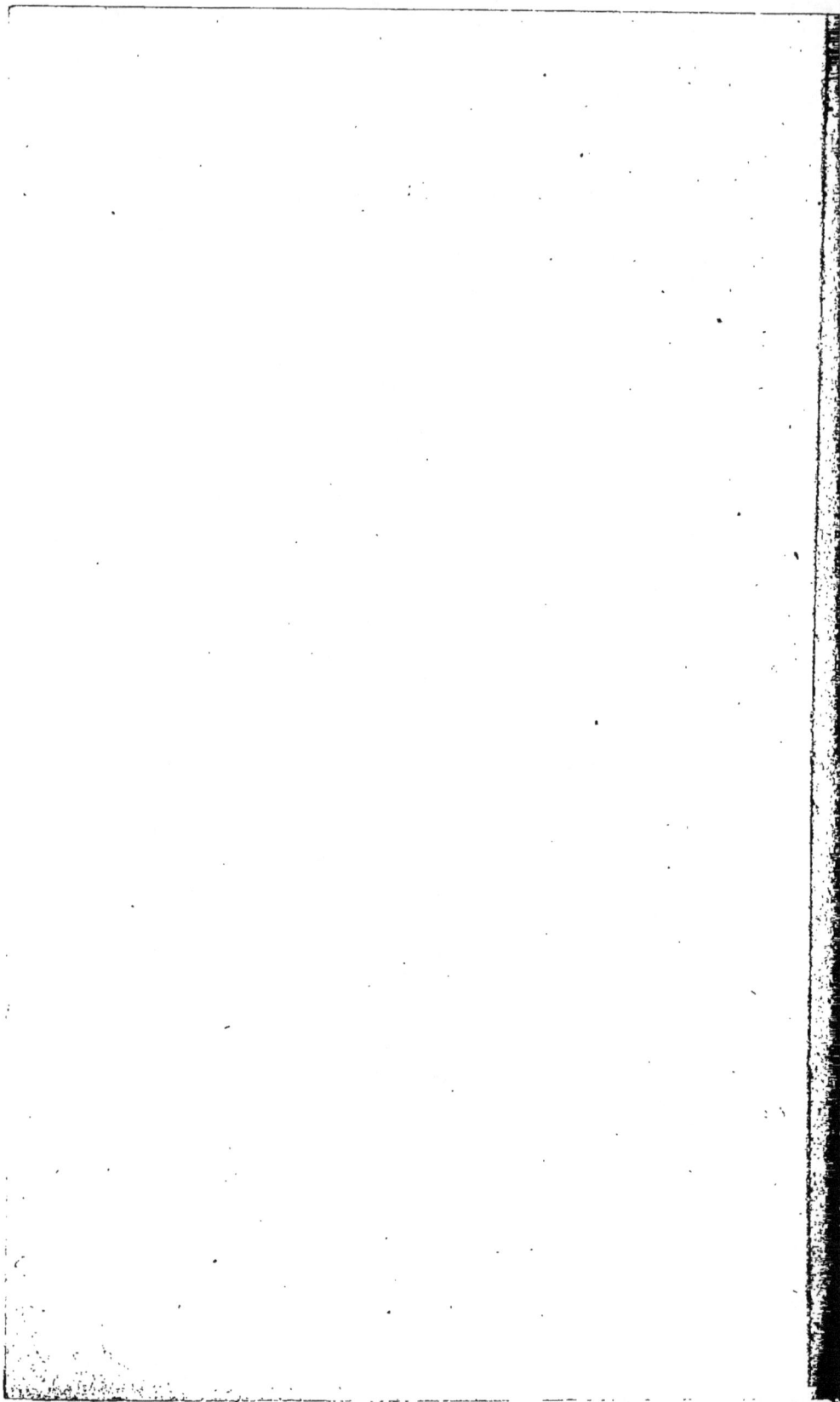